中华人民共和国
著作权法规文件选编

新闻出版总署(国家版权局)法规司 编

商务印书馆
2010年·北京

图书在版编目(CIP)数据

中华人民共和国著作权法规文件选编/新闻出版总署(国家版权局)法规司编. —北京:商务印书馆,2010
ISBN 978-7-100-07118-5

Ⅰ.中… Ⅱ.新… Ⅲ.著作权法－汇编－中国 Ⅳ.D923.419

中国版本图书馆 CIP 数据核字(2010)第 066984 号

**所有权利保留。
未经许可,不得以任何方式使用。**

中华人民共和国著作权法规文件选编
新闻出版总署(国家版权局)法规司　编

商　务　印　书　馆　出　版
(北京王府井大街36号　邮政编码 100710)
商　务　印　书　馆　发　行
北京瑞古冠中印刷厂印刷
ISBN 978-7-100-07118-5

2010 年 9 月第 1 版　　开本 850×1168　1/32
2010 年 9 月北京第 1 次印刷　印张 7¼

定价:18.00 元

出 版 说 明

本书收录了著作权法领域现行有效(截至 2010 年 3 月)的主要法律性文件,包括法律、行政法规、部门规章、规范性文件以及司法解释等。本书力求内容准确、实用性强、使用方便,既适合作为相关行政管理部门、司法机关和法律从业者常备工具书,也适合社会公众用来学习掌握著作权法。疏漏之处,敬请读者批评指正。

目 录

中华人民共和国著作权法…………………………………… 1
中华人民共和国著作权法实施条例………………………… 21
计算机软件保护条例………………………………………… 29
著作权集体管理条例………………………………………… 39
信息网络传播权保护条例…………………………………… 53
广播电台电视台播放录音制品支付报酬暂行办法………… 63
实施国际著作权条约的规定………………………………… 69
中华人民共和国刑法（节选）………………………………… 73
行政执法机关移送涉嫌犯罪案件的规定…………………… 77
公安部、国家版权局关于在打击侵犯著作权违法犯罪工作中
　加强衔接配合的暂行规定………………………………… 83
著作权行政处罚实施办法…………………………………… 89
互联网著作权行政保护办法………………………………… 101
展会知识产权保护办法……………………………………… 107
出版文字作品报酬规定……………………………………… 116
作品自愿登记试行办法……………………………………… 121
计算机软件著作权登记办法………………………………… 125
著作权质押合同登记办法…………………………………… 133
国外著作权认证机构在中国设立常驻代表机构管理办法…… 138

国家版权局关于废止《关于广播电视节目预告转载问题的
　　意见》等行政规章和规范性文件的决定…………… 141
国家版权局关于废止一批规章及规范性文件的决定………… 145
国家版权局废止第三批规章、规范性文件的决定 …………… 149
最高人民法院关于审理非法出版物刑事案件具体应用法律
　　若干问题的解释…………………………………………… 153
最高人民法院关于审理著作权民事纠纷案件适用法律若干
　　问题的解释………………………………………………… 161
最高人民法院关于审理涉及计算机网络著作权纠纷案件
　　适用法律若干问题的解释………………………………… 169
最高人民法院、最高人民检察院关于办理侵犯知识产权
　　刑事案件具体应用法律若干问题的解释………………… 173
最高人民法院、最高人民检察院关于办理侵犯知识产权
　　刑事案件具体应用法律若干问题的解释(二)…………… 181

附录

北京市高级人民法院关于审理计算机软件著作权纠纷案件
　　几个问题的意见…………………………………………… 186
北京市高级人民法院关于审理著作权民事纠纷案件适用
　　法律若干问题的解答……………………………………… 191
北京市高级人民法院关于确定著作权侵权损害赔偿责任的
　　指导意见…………………………………………………… 205
北京市高级人民法院关于网络著作权纠纷案件若干问题的
　　指导意见(一)(试行)……………………………………… 215

中华人民共和国主席令

第二十六号

《全国人民代表大会常务委员会关于修改〈中华人民共和国著作权法〉的决定》已由中华人民共和国第十一届全国人民代表大会常务委员会第十三次会议于 2010 年 2 月 26 日通过，现予公布，自 2010 年 4 月 1 日起施行。

中华人民共和国主席　胡锦涛
2010 年 2 月 26 日

中华人民共和国著作权法

(1990年9月7日第七届全国人民代表大会常务委员会第十五次会议通过 根据2001年10月27日第九届全国人民代表大会常务委员会第二十四次会议《关于修改〈中华人民共和国著作权法〉的决定》第一次修正 根据2010年2月26日第十一届全国人民代表大会常务委员会第十三次会议《关于修改〈中华人民共和国著作权法〉的决定》第二次修正)

目　　录

第一章　总则
第二章　著作权
　第一节　著作权人及其权利
　第二节　著作权归属
　第三节　权利的保护期
　第四节　权利的限制
第三章　著作权许可使用和转让合同
第四章　出版、表演、录音录像、播放
　第一节　图书、报刊的出版

第二节　表演

第三节　录音录像

第四节　广播电台、电视台播放

第五章　法律责任和执法措施

第六章　附则

第一章　总　　则

第一条　为保护文学、艺术和科学作品作者的著作权,以及与著作权有关的权益,鼓励有益于社会主义精神文明、物质文明建设的作品的创作和传播,促进社会主义文化和科学事业的发展与繁荣,根据宪法制定本法。

第二条　中国公民、法人或者其他组织的作品,不论是否发表,依照本法享有著作权。

外国人、无国籍人的作品根据其作者所属国或者经常居住地国同中国签订的协议或者共同参加的国际条约享有的著作权,受本法保护。

外国人、无国籍人的作品首先在中国境内出版的,依照本法享有著作权。

未与中国签订协议或者共同参加国际条约的国家的作者以及无国籍人的作品首次在中国参加的国际条约的成员国出版的,或者在成员国和非成员国同时出版的,受本法保护。

第三条　本法所称的作品,包括以下列形式创作的文学、艺术和自然科学、社会科学、工程技术等作品:

(一)文字作品;

（二）口述作品；

（三）音乐、戏剧、曲艺、舞蹈、杂技艺术作品；

（四）美术、建筑作品；

（五）摄影作品；

（六）电影作品和以类似摄制电影的方法创作的作品；

（七）工程设计图、产品设计图、地图、示意图等图形作品和模型作品；

（八）计算机软件；

（九）法律、行政法规规定的其他作品。

第四条 著作权人行使著作权，不得违反宪法和法律，不得损害公共利益。国家对作品的出版、传播依法进行监督管理。

第五条 本法不适用于：

（一）法律、法规，国家机关的决议、决定、命令和其他具有立法、行政、司法性质的文件，及其官方正式译文；

（二）时事新闻；

（三）历法、通用数表、通用表格和公式。

第六条 民间文学艺术作品的著作权保护办法由国务院另行规定。

第七条 国务院著作权行政管理部门主管全国的著作权管理工作；各省、自治区、直辖市人民政府的著作权行政管理部门主管本行政区域的著作权管理工作。

第八条 著作权人和与著作权有关的权利人可以授权著作权集体管理组织行使著作权或者与著作权有关的权利。著作权集体管理组织被授权后，可以以自己的名义为著作权人和与著作权有关的权利人主张权利，并可以作为当事人进行涉及著作权或者与著作权有关的权利的诉讼、仲裁活动。

著作权集体管理组织是非营利性组织,其设立方式、权利义务、著作权许可使用费的收取和分配,以及对其监督和管理等由国务院另行规定。

第二章 著 作 权

第一节 著作权人及其权利

第九条 著作权人包括:

(一)作者;

(二)其他依照本法享有著作权的公民、法人或者其他组织。

第十条 著作权包括下列人身权和财产权:

(一)发表权,即决定作品是否公之于众的权利;

(二)署名权,即表明作者身份,在作品上署名的权利;

(三)修改权,即修改或者授权他人修改作品的权利;

(四)保护作品完整权,即保护作品不受歪曲、篡改的权利;

(五)复制权,即以印刷、复印、拓印、录音、录像、翻录、翻拍等方式将作品制作一份或者多份的权利;

(六)发行权,即以出售或者赠与方式向公众提供作品的原件或者复制件的权利;

(七)出租权,即有偿许可他人临时使用电影作品和以类似摄制电影的方法创作的作品、计算机软件的权利,计算机软件不是出租的主要标的的除外;

(八)展览权,即公开陈列美术作品、摄影作品的原件或者复制件的权利；

（九）表演权，即公开表演作品，以及用各种手段公开播送作品的表演的权利；

（十）放映权，即通过放映机、幻灯机等技术设备公开再现美术、摄影、电影和以类似摄制电影的方法创作的作品等的权利；

（十一）广播权，即以无线方式公开广播或者传播作品，以有线传播或者转播的方式向公众传播广播的作品，以及通过扩音器或者其他传送符号、声音、图像的类似工具向公众传播广播的作品的权利；

（十二）信息网络传播权，即以有线或者无线方式向公众提供作品，使公众可以在其个人选定的时间和地点获得作品的权利；

（十三）摄制权，即以摄制电影或者以类似摄制电影的方法将作品固定在载体上的权利；

（十四）改编权，即改变作品，创作出具有独创性的新作品的权利；

（十五）翻译权，即将作品从一种语言文字转换成另一种语言文字的权利；

（十六）汇编权，即将作品或者作品的片段通过选择或者编排，汇集成新作品的权利；

（十七）应当由著作权人享有的其他权利。

著作权人可以许可他人行使前款第（五）项至第（十七）项规定的权利，并依照约定或者本法有关规定获得报酬。

著作权人可以全部或者部分转让本条第一款第（五）项至第（十七）项规定的权利，并依照约定或者本法有关规定获得报酬。

第二节 著作权归属

第十一条 著作权属于作者,本法另有规定的除外。

创作作品的公民是作者。

由法人或者其他组织主持,代表法人或者其他组织意志创作,并由法人或者其他组织承担责任的作品,法人或者其他组织视为作者。

如无相反证明,在作品上署名的公民、法人或者其他组织为作者。

第十二条 改编、翻译、注释、整理已有作品而产生的作品,其著作权由改编、翻译、注释、整理人享有,但行使著作权时不得侵犯原作品的著作权。

第十三条 两人以上合作创作的作品,著作权由合作作者共同享有。没有参加创作的人,不能成为合作作者。

合作作品可以分割使用的,作者对各自创作的部分可以单独享有著作权,但行使著作权时不得侵犯合作作品整体的著作权。

第十四条 汇编若干作品、作品的片段或者不构成作品的数据或者其他材料,对其内容的选择或者编排体现独创性的作品,为汇编作品,其著作权由汇编人享有,但行使著作权时,不得侵犯原作品的著作权。

第十五条 电影作品和以类似摄制电影的方法创作的作品的著作权由制片者享有,但编剧、导演、摄影、作词、作曲等作者享有署名权,并有权按照与制片者签订的合同获得报酬。

电影作品和以类似摄制电影的方法创作的作品中的剧本、音乐等可以单独使用的作品的作者有权单独行使其著作权。

第十六条 公民为完成法人或者其他组织工作任务所创作的作品是职务作品,除本条第二款的规定以外,著作权由作者享有,但法人或者其他组织有权在其业务范围内优先使用。作品完成两年内,未经单位同意,作者不得许可第三人以与单位使用的相同方式使用该作品。

有下列情形之一的职务作品,作者享有署名权,著作权的其他权利由法人或者其他组织享有,法人或者其他组织可以给予作者奖励:

(一)主要是利用法人或者其他组织的物质技术条件创作,并由法人或者其他组织承担责任的工程设计图、产品设计图、地图、计算机软件等职务作品;

(二)法律、行政法规规定或者合同约定著作权由法人或者其他组织享有的职务作品。

第十七条 受委托创作的作品,著作权的归属由委托人和受托人通过合同约定。合同未作明确约定或者没有订立合同的,著作权属于受托人。

第十八条 美术等作品原件所有权的转移,不视为作品著作权的转移,但美术作品原件的展览权由原件所有人享有。

第十九条 著作权属于公民的,公民死亡后,其本法第十条第一款第(五)项至第(十七)项规定的权利在本法规定的保护期内,依照继承法的规定转移。

著作权属于法人或者其他组织的,法人或者其他组织变更、终止后,其本法第十条第一款第(五)项至第(十七)项规定的权利在本法规定的保护期内,由承受其权利义务的法人或者其他组织享有;没有承受其权利义务的法人或者其他组织的,由国家享有。

第三节 权利的保护期

第二十条 作者的署名权、修改权、保护作品完整权的保护期不受限制。

第二十一条 公民的作品,其发表权、本法第十条第一款第(五)项至第(十七)项规定的权利的保护期为作者终生及其死亡后五十年,截止于作者死亡后第五十年的12月31日;如果是合作作品,截止于最后死亡的作者死亡后第五十年的12月31日。

法人或者其他组织的作品、著作权(署名权除外)由法人或者其他组织享有的职务作品,其发表权、本法第十条第一款第(五)项至第(十七)项规定的权利的保护期为五十年,截止于作品首次发表后第五十年的12月31日,但作品自创作完成后五十年内未发表的,本法不再保护。

电影作品和以类似摄制电影的方法创作的作品、摄影作品,其发表权、本法第十条第一款第(五)项至第(十七)项规定的权利的保护期为五十年,截止于作品首次发表后第五十年的12月31日,但作品自创作完成后五十年内未发表的,本法不再保护。

第四节 权利的限制

第二十二条 在下列情况下使用作品,可以不经著作权人许可,不向其支付报酬,但应当指明作者姓名、作品名称,并且不得侵犯著作权人依照本法享有的其他权利:

（一）为个人学习、研究或者欣赏，使用他人已经发表的作品；

（二）为介绍、评论某一作品或者说明某一问题，在作品中适当引用他人已经发表的作品；

（三）为报道时事新闻，在报纸、期刊、广播电台、电视台等媒体中不可避免地再现或者引用已经发表的作品；

（四）报纸、期刊、广播电台、电视台等媒体刊登或者播放其他报纸、期刊、广播电台、电视台等媒体已经发表的关于政治、经济、宗教问题的时事性文章，但作者声明不许刊登、播放的除外；

（五）报纸、期刊、广播电台、电视台等媒体刊登或者播放在公众集会上发表的讲话，但作者声明不许刊登、播放的除外；

（六）为学校课堂教学或者科学研究，翻译或者少量复制已经发表的作品，供教学或者科研人员使用，但不得出版发行；

（七）国家机关为执行公务在合理范围内使用已经发表的作品；

（八）图书馆、档案馆、纪念馆、博物馆、美术馆等为陈列或者保存版本的需要，复制本馆收藏的作品；

（九）免费表演已经发表的作品，该表演未向公众收取费用，也未向表演者支付报酬；

（十）对设置或者陈列在室外公共场所的艺术作品进行临摹、绘画、摄影、录像；

（十一）将中国公民、法人或者其他组织已经发表的以汉语言文字创作的作品翻译成少数民族语言文字作品在国内出版发行；

（十二）将已经发表的作品改成盲文出版。

前款规定适用于对出版者、表演者、录音录像制作者、广播电台、电视台的权利的限制。

第二十三条 为实施九年制义务教育和国家教育规划而编写出版教科书,除作者事先声明不许使用的外,可以不经著作权人许可,在教科书中汇编已经发表的作品片段或者短小的文字作品、音乐作品或者单幅的美术作品、摄影作品,但应当按照规定支付报酬,指明作者姓名、作品名称,并且不得侵犯著作权人依照本法享有的其他权利。

前款规定适用于对出版者、表演者、录音录像制作者、广播电台、电视台的权利的限制。

第三章 著作权许可使用和转让合同

第二十四条 使用他人作品应当同著作权人订立许可使用合同,本法规定可以不经许可的除外。

许可使用合同包括下列主要内容:

(一)许可使用的权利种类;

(二)许可使用的权利是专有使用权或者非专有使用权;

(三)许可使用的地域范围、期间;

(四)付酬标准和办法;

(五)违约责任;

(六)双方认为需要约定的其他内容。

第二十五条 转让本法第十条第一款第(五)项至第(十七)项规定的权利,应当订立书面合同。

权利转让合同包括下列主要内容:

(一)作品的名称;

(二)转让的权利种类、地域范围;

(三)转让价金;

(四)交付转让价金的日期和方式;

(五)违约责任;

(六)双方认为需要约定的其他内容。

第二十六条 以著作权出质的,由出质人和质权人向国务院著作权行政管理部门办理出质登记。

第二十七条 许可使用合同和转让合同中著作权人未明确许可、转让的权利,未经著作权人同意,另一方当事人不得行使。

第二十八条 使用作品的付酬标准可以由当事人约定,也可以按照国务院著作权行政管理部门会同有关部门制定的付酬标准支付报酬。当事人约定不明确的,按照国务院著作权行政管理部门会同有关部门制定的付酬标准支付报酬。

第二十九条 出版者、表演者、录音录像制作者、广播电台、电视台等依照本法有关规定使用他人作品的,不得侵犯作者的署名权、修改权、保护作品完整权和获得报酬的权利。

第四章 出版、表演、录音录像、播放

第一节 图书、报刊的出版

第三十条 图书出版者出版图书应当和著作权人订立出版合同,并支付报酬。

第三十一条 图书出版者对著作权人交付出版的作品,按照合同约定享有的专有出版权受法律保护,他人不得出版该作品。

第三十二条 著作权人应当按照合同约定期限交付作品。图

书出版者应当按照合同约定的出版质量、期限出版图书。

图书出版者不按照合同约定期限出版,应当依照本法第五十四条的规定承担民事责任。

图书出版者重印、再版作品的,应当通知著作权人,并支付报酬。图书脱销后,图书出版者拒绝重印、再版的,著作权人有权终止合同。

第三十三条　著作权人向报社、期刊社投稿的,自稿件发出之日起十五日内未收到报社通知决定刊登的,或者自稿件发出之日起三十日内未收到期刊社通知决定刊登的,可以将同一作品向其他报社、期刊社投稿。双方另有约定的除外。

作品刊登后,除著作权人声明不得转载、摘编的外,其他报刊可以转载或者作为文摘、资料刊登,但应当按照规定向著作权人支付报酬。

第三十四条　图书出版者经作者许可,可以对作品修改、删节。

报社、期刊社可以对作品作文字性修改、删节。对内容的修改,应当经作者许可。

第三十五条　出版改编、翻译、注释、整理、汇编已有作品而产生的作品,应当取得改编、翻译、注释、整理、汇编作品的著作权人和原作品的著作权人许可,并支付报酬。

第三十六条　出版者有权许可或者禁止他人使用其出版的图书、期刊的版式设计。

前款规定的权利的保护期为十年,截止于使用该版式设计的图书、期刊首次出版后第十年的12月31日。

第二节 表　　演

第三十七条　使用他人作品演出,表演者(演员、演出单位)应当取得著作权人许可,并支付报酬。演出组织者组织演出,由该组织者取得著作权人许可,并支付报酬。

使用改编、翻译、注释、整理已有作品而产生的作品进行演出,应当取得改编、翻译、注释、整理作品的著作权人和原作品的著作权人许可,并支付报酬。

第三十八条　表演者对其表演享有下列权利:

(一)表明表演者身份;

(二)保护表演形象不受歪曲;

(三)许可他人从现场直播和公开传送其现场表演,并获得报酬;

(四)许可他人录音录像,并获得报酬;

(五)许可他人复制、发行录有其表演的录音录像制品,并获得报酬;

(六)许可他人通过信息网络向公众传播其表演,并获得报酬。

被许可人以前款第(三)项至第(六)项规定的方式使用作品,还应当取得著作权人许可,并支付报酬。

第三十九条　本法第三十八条第一款第(一)项、第(二)项规定的权利的保护期不受限制。

本法第三十八条第一款第(三)项至第(六)项规定的权利的保护期为五十年,截止于该表演发生后第五十年的12月31日。

第三节 录音录像

第四十条 录音录像制作者使用他人作品制作录音录像制品,应当取得著作权人许可,并支付报酬。

录音录像制作者使用改编、翻译、注释、整理已有作品而产生的作品,应当取得改编、翻译、注释、整理作品的著作权人和原作品著作权人许可,并支付报酬。

录音制作者使用他人已经合法录制为录音制品的音乐作品制作录音制品,可以不经著作权人许可,但应当按照规定支付报酬;著作权人声明不许使用的不得使用。

第四十一条 录音录像制作者制作录音录像制品,应当同表演者订立合同,并支付报酬。

第四十二条 录音录像制作者对其制作的录音录像制品,享有许可他人复制、发行、出租、通过信息网络向公众传播并获得报酬的权利;权利的保护期为五十年,截止于该制品首次制作完成后第五十年的 12 月 31 日。

被许可人复制、发行、通过信息网络向公众传播录音录像制品,还应当取得著作权人、表演者许可,并支付报酬。

第四节 广播电台、电视台播放

第四十三条 广播电台、电视台播放他人未发表的作品,应当取得著作权人许可,并支付报酬。

广播电台、电视台播放他人已发表的作品,可以不经著作权人许可,但应当支付报酬。

第四十四条 广播电台、电视台播放已经出版的录音制品,可以不经著作权人许可,但应当支付报酬。当事人另有约定的除外。具体办法由国务院规定。

第四十五条 广播电台、电视台有权禁止未经其许可的下列行为:

(一)将其播放的广播、电视转播;

(二)将其播放的广播、电视录制在音像载体上以及复制音像载体。

前款规定的权利的保护期为五十年,截止于该广播、电视首次播放后第五十年的12月31日。

第四十六条 电视台播放他人的电影作品和以类似摄制电影的方法创作的作品、录像制品,应当取得制片者或者录像制作者许可,并支付报酬;播放他人的录像制品,还应当取得著作权人许可,并支付报酬。

第五章 法律责任和执法措施

第四十七条 有下列侵权行为的,应当根据情况,承担停止侵害、消除影响、赔礼道歉、赔偿损失等民事责任:

(一)未经著作权人许可,发表其作品的;

(二)未经合作作者许可,将与他人合作创作的作品当作自己单独创作的作品发表的;

(三)没有参加创作,为谋取个人名利,在他人作品上署名的;

(四)歪曲、篡改他人作品的;

(五)剽窃他人作品的;

(六)未经著作权人许可,以展览、摄制电影和以类似摄制电影的方法使用作品,或者以改编、翻译、注释等方式使用作品的,本法另有规定的除外;

(七)使用他人作品,应当支付报酬而未支付的;

(八)未经电影作品和以类似摄制电影的方法创作的作品、计算机软件、录音录像制品的著作权人或者与著作权有关的权利人许可,出租其作品或者录音录像制品的,本法另有规定的除外;

(九)未经出版者许可,使用其出版的图书、期刊的版式设计的;

(十)未经表演者许可,从现场直播或者公开传送其现场表演,或者录制其表演的;

(十一)其他侵犯著作权以及与著作权有关的权益的行为。

第四十八条 有下列侵权行为的,应当根据情况,承担停止侵害、消除影响、赔礼道歉、赔偿损失等民事责任;同时损害公共利益的,可以由著作权行政管理部门责令停止侵权行为,没收违法所得,没收、销毁侵权复制品,并可处以罚款;情节严重的,著作权行政管理部门还可以没收主要用于制作侵权复制品的材料、工具、设备等;构成犯罪的,依法追究刑事责任:

(一)未经著作权人许可,复制、发行、表演、放映、广播、汇编、通过信息网络向公众传播其作品的,本法另有规定的除外;

(二)出版他人享有专有出版权的图书的;

(三)未经表演者许可,复制、发行录有其表演的录音录像制品,或者通过信息网络向公众传播其表演的,本法另有规定的除外;

（四）未经录音录像制作者许可，复制、发行、通过信息网络向公众传播其制作的录音录像制品的，本法另有规定的除外；

（五）未经许可，播放或者复制广播、电视的，本法另有规定的除外；

（六）未经著作权人或者与著作权有关的权利人许可，故意避开或者破坏权利人为其作品、录音录像制品等采取的保护著作权或者与著作权有关的权利的技术措施的，法律、行政法规另有规定的除外；

（七）未经著作权人或者与著作权有关的权利人许可，故意删除或者改变作品、录音录像制品等的权利管理电子信息的，法律、行政法规另有规定的除外；

（八）制作、出售假冒他人署名的作品的。

第四十九条　侵犯著作权或者与著作权有关的权利的，侵权人应当按照权利人的实际损失给予赔偿；实际损失难以计算的，可以按照侵权人的违法所得给予赔偿。赔偿数额还应当包括权利人为制止侵权行为所支付的合理开支。

权利人的实际损失或者侵权人的违法所得不能确定的，由人民法院根据侵权行为的情节，判决给予五十万元以下的赔偿。

第五十条　著作权人或者与著作权有关的权利人有证据证明他人正在实施或者即将实施侵犯其权利的行为，如不及时制止将会使其合法权益受到难以弥补的损害的，可以在起诉前向人民法院申请采取责令停止有关行为和财产保全的措施。

人民法院处理前款申请，适用《中华人民共和国民事诉讼法》第九十三条至第九十六条和第九十九条的规定。

第五十一条　为制止侵权行为，在证据可能灭失或者以后难以取得的情况下,著作权人或者与著作权有关的权利人可以在起诉前向人民法院申请保全证据。

人民法院接受申请后,必须在四十八小时内作出裁定;裁定采取保全措施的,应当立即开始执行。

人民法院可以责令申请人提供担保,申请人不提供担保的,驳回申请。

申请人在人民法院采取保全措施后十五日内不起诉的,人民法院应当解除保全措施。

第五十二条　人民法院审理案件,对于侵犯著作权或者与著作权有关的权利的,可以没收违法所得、侵权复制品以及进行违法活动的财物。

第五十三条　复制品的出版者、制作者不能证明其出版、制作有合法授权的,复制品的发行者或者电影作品或者以类似摄制电影的方法创作的作品、计算机软件、录音录像制品的复制品的出租者不能证明其发行、出租的复制品有合法来源的,应当承担法律责任。

第五十四条　当事人不履行合同义务或者履行合同义务不符合约定条件的,应当依照《中华人民共和国民法通则》、《中华人民共和国合同法》等有关法律规定承担民事责任。

第五十五条　著作权纠纷可以调解,也可以根据当事人达成的书面仲裁协议或者著作权合同中的仲裁条款,向仲裁机构申请仲裁。

当事人没有书面仲裁协议,也没有在著作权合同中订立仲裁条款的,可以直接向人民法院起诉。

第五十六条　当事人对行政处罚不服的,可以自收到行政处罚决定书之日起三个月内向人民法院起诉,期满不起诉又不履行的,著作权行政管理部门可以申请人民法院执行。

第六章 附 则

第五十七条 本法所称的著作权即版权。

第五十八条 本法第二条所称的出版,指作品的复制、发行。

第五十九条 计算机软件、信息网络传播权的保护办法由国务院另行规定。

第六十条 本法规定的著作权人和出版者、表演者、录音录像制作者、广播电台、电视台的权利,在本法施行之日尚未超过本法规定的保护期的,依照本法予以保护。

本法施行前发生的侵权或者违约行为,依照侵权或者违约行为发生时的有关规定和政策处理。

第六十一条 本法自1991年6月1日起施行。

中华人民共和国国务院令

第 359 号

现公布《中华人民共和国著作权法实施条例》,自 2002 年 9 月 15 日起施行。

总　理　朱镕基
二〇〇二年八月二日

中华人民共和国著作权法实施条例

第一条 根据《中华人民共和国著作权法》(以下简称著作权法),制定本条例。

第二条 著作权法所称作品,是指文学、艺术和科学领域内具有独创性并能以某种有形形式复制的智力成果。

第三条 著作权法所称创作,是指直接产生文学、艺术和科学作品的智力活动。

为他人创作进行组织工作,提供咨询意见、物质条件,或者进行其他辅助工作,均不视为创作。

第四条 著作权法和本条例中下列作品的含义:

(一)文字作品,是指小说、诗词、散文、论文等以文字形式表现的作品;

(二)口述作品,是指即兴的演说、授课、法庭辩论等以口头语言形式表现的作品;

(三)音乐作品,是指歌曲、交响乐等能够演唱或者演奏的带词或者不带词的作品;

(四)戏剧作品,是指话剧、歌剧、地方戏等供舞台演出的作品;

(五)曲艺作品,是指相声、快书、大鼓、评书等以说唱为主要形式表演的作品;

(六)舞蹈作品,是指通过连续的动作、姿势、表情等表现思想情感的作品;

(七)杂技艺术作品,是指杂技、魔术、马戏等通过形体动作和技巧表现的作品;

(八)美术作品,是指绘画、书法、雕塑等以线条、色彩或者其他方式构成的有审美意义的平面或者立体的造型艺术作品;

(九)建筑作品,是指以建筑物或者构筑物形式表现的有审美意义的作品;

(十)摄影作品,是指借助器械在感光材料或者其他介质上记录客观物体形象的艺术作品;

(十一)电影作品和以类似摄制电影的方法创作的作品,是指摄制在一定介质上,由一系列有伴音或者无伴音的画面组成,并且借助适当装置放映或者以其他方式传播的作品;

(十二)图形作品,是指为施工、生产绘制的工程设计图、产品设计图,以及反映地理现象、说明事物原理或者结构的地图、示意图等作品;

(十三)模型作品,是指为展示、试验或者观测等用途,根据物体的形状和结构,按照一定比例制成的立体作品。

第五条 著作权法和本条例中下列用语的含义:

(一)时事新闻,是指通过报纸、期刊、广播电台、电视台等媒体报道的单纯事实消息;

(二)录音制品,是指任何对表演的声音和其他声音的录制品;

(三)录像制品,是指电影作品和以类似摄制电影的方法创作的作品以外的任何有伴音或者无伴音的连续相关形象、图像的录制品;

(四)录音制作者,是指录音制品的首次制作人;

(五)录像制作者,是指录像制品的首次制作人;

(六)表演者,是指演员、演出单位或者其他表演文学、艺术作品的人。

第六条 著作权自作品创作完成之日起产生。

第七条 著作权法第二条第三款规定的首先在中国境内出版的外国人、无国籍人的作品,其著作权自首次出版之日起受保护。

第八条 外国人、无国籍人的作品在中国境外首先出版后,30日内在中国境内出版的,视为该作品同时在中国境内出版。

第九条 合作作品不可以分割使用的,其著作权由各合作作者共同享有,通过协商一致行使;不能协商一致,又无正当理由的,任何一方不得阻止他方行使除转让以外的其他权利,但是所得收益应当合理分配给所有合作作者。

第十条 著作权人许可他人将其作品摄制成电影作品和以类似摄制电影的方法创作的作品的,视为已同意对其作品进行必要的改动,但是这种改动不得歪曲篡改原作品。

第十一条 著作权法第十六条第一款关于职务作品的规定中的"工作任务",是指公民在该法人或者该组织中应当履行的职责。

著作权法第十六条第二款关于职务作品的规定中的"物质技术条件",是指该法人或者该组织为公民完成创作专门提供的资金、设备或者资料。

第十二条 职务作品完成两年内,经单位同意,作者许可第三人以与单位使用的相同方式使用作品所获报酬,由作者与单位按约定的比例分配。

作品完成两年的期限,自作者向单位交付作品之日起计算。

第十三条　作者身份不明的作品,由作品原件的所有人行使除署名权以外的著作权。作者身份确定后,由作者或者其继承人行使著作权。

第十四条　合作作者之一死亡后,其对合作作品享有的著作权法第十条第一款第(五)项至第(十七)项规定的权利无人继承又无人受遗赠的,由其他合作作者享有。

第十五条　作者死亡后,其著作权中的署名权、修改权和保护作品完整权由作者的继承人或者受遗赠人保护。

著作权无人继承又无人受遗赠的,其署名权、修改权和保护作品完整权由著作权行政管理部门保护。

第十六条　国家享有著作权的作品的使用,由国务院著作权行政管理部门管理。

第十七条　作者生前未发表的作品,如果作者未明确表示不发表,作者死亡后50年内,其发表权可由继承人或者受遗赠人行使;没有继承人又无人受遗赠的,由作品原件的所有人行使。

第十八条　作者身份不明的作品,其著作权法第十条第一款第(五)项至第(十七)项规定的权利的保护期截止于作品首次发表后第50年的12月31日。作者身份确定后,适用著作权法第二十一条的规定。

第十九条　使用他人作品的,应当指明作者姓名、作品名称;但是,当事人另有约定或者由于作品使用方式的特性无法指明的除外。

第二十条　著作权法所称已经发表的作品,是指著作权人自行或者许可他人公之于众的作品。

第二十一条　依照著作权法有关规定,使用可以不经著作权人许可的已经发表的作品的,不得影响该作品的正常使用,也不得不合理地损害著作权人的合法利益。

第二十二条 依照著作权法第二十三条、第三十二条第二款、第三十九条第三款的规定使用作品的付酬标准,由国务院著作权行政管理部门会同国务院价格主管部门制定、公布。

第二十三条 使用他人作品应当同著作权人订立许可使用合同,许可使用的权利是专有使用权的,应当采取书面形式,但是报社、期刊社刊登作品除外。

第二十四条 著作权法第二十四条规定的专有使用权的内容由合同约定,合同没有约定或者约定不明的,视为被许可人有权排除包括著作权人在内的任何人以同样的方式使用作品;除合同另有约定外,被许可人许可第三人行使同一权利,必须取得著作权人的许可。

第二十五条 与著作权人订立专有许可使用合同、转让合同的,可以向著作权行政管理部门备案。

第二十六条 著作权法和本条例所称与著作权有关的权益,是指出版者对其出版的图书和期刊的版式设计享有的权利,表演者对其表演享有的权利,录音录像制作者对其制作的录音录像制品享有的权利,广播电台、电视台对其播放的广播、电视节目享有的权利。

第二十七条 出版者、表演者、录音录像制作者、广播电台、电视台行使权利,不得损害被使用作品和原作品著作权人的权利。

第二十八条 图书出版合同中约定图书出版者享有专有出版权但没有明确其具体内容的,视为图书出版者享有在合同有效期限内和在合同约定的地域范围内以同种文字的原版、修订版出版图书的专有权利。

第二十九条 著作权人寄给图书出版者的两份订单在6个月内未能得到履行,视为著作权法第三十一条所称图书脱销。

第三十条 著作权人依照著作权法第三十二条第二款声明不得转载、摘编其作品的,应当在报纸、期刊刊登该作品时附带声明。

第三十一条 著作权人依照著作权法第三十九条第三款声明不得对其作品制作录音制品的,应当在该作品合法录制为录音制品时声明。

第三十二条 依照著作权法第二十三条、第三十二条第二款、第三十九条第三款的规定,使用他人作品的,应当自使用该作品之日起2个月内向著作权人支付报酬。

第三十三条 外国人、无国籍人在中国境内的表演,受著作权法保护。

外国人、无国籍人根据中国参加的国际条约对其表演享有的权利,受著作权法保护。

第三十四条 外国人、无国籍人在中国境内制作、发行的录音制品,受著作权法保护。

外国人、无国籍人根据中国参加的国际条约对其制作、发行的录音制品享有的权利,受著作权法保护。

第三十五条 外国的广播电台、电视台根据中国参加的国际条约对其播放的广播、电视节目享有的权利,受著作权法保护。

第三十六条 有著作权法第四十七条所列侵权行为,同时损害社会公共利益的,著作权行政管理部门可以处非法经营额3倍以下的罚款;非法经营额难以计算的,可以处10万元以下的罚款。

第三十七条 有著作权法第四十七条所列侵权行为,同时损害社会公共利益的,由地方人民政府著作权行政管理部门负责查处。

国务院著作权行政管理部门可以查处在全国有重大影响的侵权行为。

第三十八条 本条例自 2002 年 9 月 15 日起施行。1991 年 5 月 24 日国务院批准、1991 年 5 月 30 日国家版权局发布的《中华人民共和国著作权法实施条例》同时废止。

中华人民共和国国务院令

第 339 号

现公布《计算机软件保护条例》,自 2002 年 1 月 1 日起施行。

总　理　朱镕基
二〇〇一年十二月二十日

计算机软件保护条例

第一章 总 则

第一条 为了保护计算机软件著作权人的权益,调整计算机软件在开发、传播和使用中发生的利益关系,鼓励计算机软件的开发与应用,促进软件产业和国民经济信息化的发展,根据《中华人民共和国著作权法》,制定本条例。

第二条 本条例所称计算机软件(以下简称软件),是指计算机程序及其有关文档。

第三条 本条例下列用语的含义:

(一)计算机程序,是指为了得到某种结果而可以由计算机等具有信息处理能力的装置执行的代码化指令序列,或者可以被自动转换成代码化指令序列的符号化指令序列或者符号化语句序列。同一计算机程序的源程序和目标程序为同一作品。

(二)文档,是指用来描述程序的内容、组成、设计、功能规格、开发情况、测试结果及使用方法的文字资料和图表等,如程序设计说明书、流程图、用户手册等。

(三)软件开发者,是指实际组织开发、直接进行开发,并对开发完成的软件承担责任的法人或者其他组织;或者依靠自己具有的条件独立完成软件开发,并对软件承担责任的自然人。

(四)软件著作权人,是指依照本条例的规定,对软件享有著作权的自然人、法人或者其他组织。

第四条 受本条例保护的软件必须由开发者独立开发,并已固定在某种有形物体上。

第五条 中国公民、法人或者其他组织对其所开发的软件,不论是否发表,依照本条例享有著作权。

外国人、无国籍人的软件首先在中国境内发行的,依照本条例享有著作权。

外国人、无国籍人的软件,依照其开发者所属国或者经常居住地国同中国签订的协议或者依照中国参加的国际条约享有的著作权,受本条例保护。

第六条 本条例对软件著作权的保护不延及开发软件所用的思想、处理过程、操作方法或者数学概念等。

第七条 软件著作权人可以向国务院著作权行政管理部门认定的软件登记机构办理登记。软件登记机构发放的登记证明文件是登记事项的初步证明。

办理软件登记应当缴纳费用。软件登记的收费标准由国务院著作权行政管理部门会同国务院价格主管部门规定。

第二章 软件著作权

第八条 软件著作权人享有下列各项权利:

(一)发表权,即决定软件是否公之于众的权利;

(二)署名权,即表明开发者身份,在软件上署名的权利;

（三）修改权，即对软件进行增补、删节，或者改变指令、语句顺序的权利；

（四）复制权，即将软件制作一份或者多份的权利；

（五）发行权，即以出售或者赠与方式向公众提供软件的原件或者复制件的权利；

（六）出租权，即有偿许可他人临时使用软件的权利，但是软件不是出租的主要标的的除外；

（七）信息网络传播权，即以有线或者无线方式向公众提供软件，使公众可以在其个人选定的时间和地点获得软件的权利；

（八）翻译权，即将原软件从一种自然语言文字转换成另一种自然语言文字的权利；

（九）应当由软件著作权人享有的其他权利。

软件著作权人可以许可他人行使其软件著作权，并有权获得报酬。

软件著作权人可以全部或者部分转让其软件著作权，并有权获得报酬。

第九条　软件著作权属于软件开发者，本条例另有规定的除外。

如无相反证明，在软件上署名的自然人、法人或者其他组织为开发者。

第十条　由两个以上的自然人、法人或者其他组织合作开发的软件，其著作权的归属由合作开发者签订书面合同约定。无书面合同或者合同未作明确约定，合作开发的软件可以分割使用的，开发者对各自开发的部分可以单独享有著作权；但是，行使著作权时，不得扩展到合作开发的软件整体的著作权。合作开发的软件不能分割使用的,其著作权由各合作开发者共同享有,通过协商一致行使;不能协商一致,又无正当理由的,任何一方不得阻止他方行使除转让权以外的其他权利,但是所得收益应当合理分配给所有合作开发者。

第十一条 接受他人委托开发的软件,其著作权的归属由委托人与受托人签订书面合同约定;无书面合同或者合同未作明确约定的,其著作权由受托人享有。

第十二条 由国家机关下达任务开发的软件,著作权的归属与行使由项目任务书或者合同规定;项目任务书或者合同中未作明确规定的,软件著作权由接受任务的法人或者其他组织享有。

第十三条 自然人在法人或者其他组织中任职期间所开发的软件有下列情形之一的,该软件著作权由该法人或者其他组织享有,该法人或者其他组织可以对开发软件的自然人进行奖励:

(一)针对本职工作中明确指定的开发目标所开发的软件;

(二)开发的软件是从事本职工作活动所预见的结果或者自然的结果;

(三)主要使用了法人或者其他组织的资金、专用设备、未公开的专门信息等物质技术条件所开发并由法人或者其他组织承担责任的软件。

第十四条 软件著作权自软件开发完成之日起产生。

自然人的软件著作权,保护期为自然人终生及其死亡后50年,截止于自然人死亡后第50年的12月31日;软件是合作开发的,截止于最后死亡的自然人死亡后第50年的12月31日。

法人或者其他组织的软件著作权,保护期为50年,截止于软件首次发表后第50年的12月31日,但软件自开发完成之日起

50年内未发表的,本条例不再保护。

第十五条 软件著作权属于自然人的,该自然人死亡后,在软件著作权的保护期内,软件著作权的继承人可以依照《中华人民共和国继承法》的有关规定,继承本条例第八条规定的除署名权以外的其他权利。

软件著作权属于法人或者其他组织的,法人或者其他组织变更、终止后,其著作权在本条例规定的保护期内由承受其权利义务的法人或者其他组织享有;没有承受其权利义务的法人或者其他组织的,由国家享有。

第十六条 软件的合法复制品所有人享有下列权利:

(一)根据使用的需要把该软件装入计算机等具有信息处理能力的装置内;

(二)为了防止复制品损坏而制作备份复制品。这些备份复制品不得通过任何方式提供给他人使用,并在所有人丧失该合法复制品的所有权时,负责将备份复制品销毁;

(三)为了把该软件用于实际的计算机应用环境或者改进其功能、性能而进行必要的修改;但是,除合同另有约定外,未经该软件著作权人许可,不得向任何第三方提供修改后的软件。

第十七条 为了学习和研究软件内含的设计思想和原理,通过安装、显示、传输或者存储软件等方式使用软件的,可以不经软件著作权人许可,不向其支付报酬。

第三章 软件著作权的许可使用和转让

第十八条 许可他人行使软件著作权的,应当订立许可使用合同。

许可使用合同中软件著作权人未明确许可的权利,被许可人不得行使。

第十九条 许可他人专有行使软件著作权的,当事人应当订立书面合同。

没有订立书面合同或者合同中未明确约定为专有许可的,被许可行使的权利应当视为非专有权利。

第二十条 转让软件著作权的,当事人应当订立书面合同。

第二十一条 订立许可他人专有行使软件著作权的许可合同,或者订立转让软件著作权合同,可以向国务院著作权行政管理部门认定的软件登记机构登记。

第二十二条 中国公民、法人或者其他组织向外国人许可或者转让软件著作权的,应当遵守《中华人民共和国技术进出口管理条例》的有关规定。

第四章 法 律 责 任

第二十三条 除《中华人民共和国著作权法》或者本条例另有规定外,有下列侵权行为的,应当根据情况,承担停止侵害、消除影响、赔礼道歉、赔偿损失等民事责任:

(一)未经软件著作权人许可,发表或者登记其软件的;

(二)将他人软件作为自己的软件发表或者登记的;

(三)未经合作者许可,将与他人合作开发的软件作为自己单独完成的软件发表或者登记的;

(四)在他人软件上署名或者更改他人软件上的署名的;

(五)未经软件著作权人许可,修改、翻译其软件的;

(六)其他侵犯软件著作权的行为。

第二十四条 除《中华人民共和国著作权法》、本条例或者其他法律、行政法规另有规定外,未经软件著作权人许可,有下列侵权行为的,应当根据情况,承担停止侵害、消除影响、赔礼道歉、赔偿损失等民事责任;同时损害社会公共利益的,由著作权行政管理部门责令停止侵权行为,没收违法所得,没收、销毁侵权复制品,可以并处罚款;情节严重的,著作权行政管理部门并可以没收主要用于制作侵权复制品的材料、工具、设备等;触犯刑律的,依照刑法关于侵犯著作权罪、销售侵权复制品罪的规定,依法追究刑事责任:

(一)复制或者部分复制著作权人的软件的;

(二)向公众发行、出租、通过信息网络传播著作权人的软件的;

(三)故意避开或者破坏著作权人为保护其软件著作权而采取的技术措施的;

(四)故意删除或者改变软件权利管理电子信息的;

(五)转让或者许可他人行使著作权人的软件著作权的。

有前款第(一)项或者第(二)项行为的,可以并处每件100元或者货值金额5倍以下的罚款;有前款第(三)项、第(四)项或者第(五)项行为的,可以并处5万元以下的罚款。

第二十五条 侵犯软件著作权的赔偿数额,依照《中华人民共和国著作权法》第四十八条的规定确定。

第二十六条 软件著作权人有证据证明他人正在实施或者即将实施侵犯其权利的行为,如不及时制止,将会使其合法权益受到难以弥补的损害的,可以依照《中华人民共和国著作权法》第四十九条的规定,在提起诉讼前向人民法院申请采取责令停止有关行为和财产保全的措施。

第二十七条 为了制止侵权行为,在证据可能灭失或者以后难以取得的情况下,软件著作权人可以依照《中华人民共和国著作权法》第五十条的规定,在提起诉讼前向人民法院申请保全证据。

第二十八条 软件复制品的出版者、制作者不能证明其出版、制作有合法授权的,或者软件复制品的发行者、出租者不能证明其发行、出租的复制品有合法来源的,应当承担法律责任。

第二十九条 软件开发者开发的软件,由于可供选用的表达方式有限而与已经存在的软件相似的,不构成对已经存在的软件的著作权的侵犯。

第三十条 软件的复制品持有人不知道也没有合理理由应当知道该软件是侵权复制品的,不承担赔偿责任;但是,应当停止使用、销毁该侵权复制品。如果停止使用并销毁该侵权复制品将给复制品使用人造成重大损失的,复制品使用人可以在向软件著作权人支付合理费用后继续使用。

第三十一条 软件著作权侵权纠纷可以调解。

软件著作权合同纠纷可以依据合同中的仲裁条款或者事后达成的书面仲裁协议,向仲裁机构申请仲裁。

当事人没有在合同中订立仲裁条款,事后又没有书面仲裁协议的,可以直接向人民法院提起诉讼。

第五章 附 则

第三十二条 本条例施行前发生的侵权行为,依照侵权行为发生时的国家有关规定处理。

第三十三条 本条例自2002年1月1日起施行。1991年6月4日国务院发布的《计算机软件保护条例》同时废止。

中华人民共和国国务院令

第 429 号

《著作权集体管理条例》已经 2004 年 12 月 22 日国务院第 74 次常务会议通过,现予公布,自 2005 年 3 月 1 日起施行。

总　理　温家宝
二〇〇四年十二月二十八日

著作权集体管理条例

第一章 总 则

第一条 为了规范著作权集体管理活动,便于著作权人和与著作权有关的权利人(以下简称权利人)行使权利和使用者使用作品,根据《中华人民共和国著作权法》(以下简称著作权法)制定本条例。

第二条 本条例所称著作权集体管理,是指著作权集体管理组织经权利人授权,集中行使权利人的有关权利并以自己的名义进行的下列活动:

(一)与使用者订立著作权或者与著作权有关的权利许可使用合同(以下简称许可使用合同);

(二)向使用者收取使用费;

(三)向权利人转付使用费;

(四)进行涉及著作权或者与著作权有关的权利的诉讼、仲裁等。

第三条 本条例所称著作权集体管理组织,是指为权利人的利益依法设立,根据权利人授权、对权利人的著作权或者与著作权有关的权利进行集体管理的社会团体。

著作权集体管理组织应当依照有关社会团体登记管理的行政法规和本条例的规定进行登记并开展活动。

第四条 著作权法规定的表演权、放映权、广播权、出租权、信息网络传播权、复制权等权利人自己难以有效行使的权利,可以由著作权集体管理组织进行集体管理。

第五条 国务院著作权管理部门主管全国的著作权集体管理工作。

第六条 除依照本条例规定设立的著作权集体管理组织外,任何组织和个人不得从事著作权集体管理活动。

第二章 著作权集体管理组织的设立

第七条 依法享有著作权或者与著作权有关的权利的中国公民、法人或者其他组织,可以发起设立著作权集体管理组织。

设立著作权集体管理组织,应当具备下列条件:

(一)发起设立著作权集体管理组织的权利人不少于50人;

(二)不与已经依法登记的著作权集体管理组织的业务范围交叉、重合;

(三)能在全国范围代表相关权利人的利益;

(四)有著作权集体管理组织的章程草案、使用费收取标准草案和向权利人转付使用费的办法(以下简称使用费转付办法)草案。

第八条 著作权集体管理组织章程应当载明下列事项:

(一)名称、住所;

(二)设立宗旨;

(三)业务范围;

(四)组织机构及其职权;

(五)会员大会的最低人数;

(六)理事会的职责及理事会负责人的条件和产生、罢免的程序;

(七)管理费提取、使用办法;

(八)会员加入、退出著作权集体管理组织的条件、程序;

(九)章程的修改程序;

(十)著作权集体管理组织终止的条件、程序和终止后资产的处理。

第九条 申请设立著作权集体管理组织,应当向国务院著作权管理部门提交证明符合本条例第七条规定的条件的材料。国务院著作权管理部门应当自收到材料之日起60日内,作出批准或者不予批准的决定。批准的,发给著作权集体管理许可证;不予批准的,应当说明理由。

第十条 申请人应当自国务院著作权管理部门发给著作权集体管理许可证之日起30日内,依照有关社会团体登记管理的行政法规到国务院民政部门办理登记手续。

第十一条 依法登记的著作权集体管理组织,应当自国务院民政部门发给登记证书之日起30日内,将其登记证书副本报国务院著作权管理部门备案;国务院著作权管理部门应当将报备的登记证书副本以及著作权集体管理组织章程、使用费收取标准、使用费转付办法予以公告。

第十二条 著作权集体管理组织设立分支机构,应当经国务院著作权管理部门批准,并依照有关社会团体登记管理的行政法规到国务院民政部门办理登记手续。经依法登记的,应当将分支机构的登记证书副本报国务院著作权管理部门备案,由国务院著作权管理部门予以公告。

第十三条 著作权集体管理组织应当根据下列因素制定使用费收取标准:

(一)使用作品、录音录像制品等的时间、方式和地域范围;

(二)权利的种类;

(三)订立许可使用合同和收取使用费工作的繁简程度。

第十四条 著作权集体管理组织应当根据权利人的作品或者录音录像制品等使用情况制定使用费转付办法。

第十五条 著作权集体管理组织修改章程,应当将章程修改草案报国务院著作权管理部门批准,并依法经国务院民政部门核准后,由国务院著作权管理部门予以公告。

第十六条 著作权集体管理组织被依法撤销登记的,自被撤销登记之日起不得再进行著作权集体管理业务活动。

第三章 著作权集体管理组织的机构

第十七条 著作权集体管理组织会员大会(以下简称会员大会)为著作权集体管理组织的权力机构。

会员大会由理事会依照本条例规定负责召集。理事会应当于会员大会召开 60 日以前将会议的时间、地点和拟审议事项予以公告;出席会员大会的会员,应当于会议召开 30 日以前报名。报名出席会员大会的会员少于章程规定的最低人数时,理事会应当将会员大会报名情况予以公告,会员可以于会议召开 5 日以前补充报名,并由全部报名出席会员大会的会员举行会员大会。

会员大会行使下列职权:

(一)制定和修改章程;

(二)制定和修改使用费收取标准;

(三)制定和修改使用费转付办法;

(四)选举和罢免理事;

(五)审议批准理事会的工作报告和财务报告;

(六)制定内部管理制度;

(七)决定使用费转付方案和著作权集体管理组织提取管理费的比例;

(八)决定其他重大事项。

会员大会每年召开一次;经10％以上会员或者理事会提议,可以召开临时会员大会。会员大会作出决定,应当经出席会议的会员过半数表决通过。

第十八条 著作权集体管理组织设立理事会,对会员大会负责,执行会员大会决定。理事会成员不得少于9人。

理事会任期为4年,任期届满应当进行换届选举。因特殊情况可以提前或者延期换届,但是换届延期不得超过1年。

第四章 著作权集体管理活动

第十九条 权利人可以与著作权集体管理组织以书面形式订立著作权集体管理合同,授权该组织对其依法享有的著作权或者与著作权有关的权利进行管理。权利人符合章程规定加入条件的,著作权集体管理组织应当与其订立著作权集体管理合同,不得拒绝。

权利人与著作权集体管理组织订立著作权集体管理合同并按照章程规定履行相应手续后,即成为该著作权集体管理组织的会员。

第二十条 权利人与著作权集体管理组织订立著作权集体管理合同后,不得在合同约定期限内自己行使或者许可他人行使合同约定的由著作权集体管理组织行使的权利。

第二十一条 权利人可以依照章程规定的程序,退出著作权集体管理组织,终止著作权集体管理合同。但是,著作权集体管理组织已经与他人订立许可使用合同的,该合同在期限届满前继续有效;该合同有效期内,权利人有权获得相应的使用费并可以查阅有关业务材料。

第二十二条 外国人、无国籍人可以通过与中国的著作权集体管理组织订立相互代表协议的境外同类组织,授权中国的著作权集体管理组织管理其依法在中国境内享有的著作权或者与著作权有关的权利。

前款所称相互代表协议,是指中国的著作权集体管理组织与境外的同类组织相互授权对方在其所在国家或者地区进行集体管理活动的协议。

著作权集体管理组织与境外同类组织订立的相互代表协议应当报国务院著作权管理部门备案,由国务院著作权管理部门予以公告。

第二十三条 著作权集体管理组织许可他人使用其管理的作品、录音录像制品等,应当与使用者以书面形式订立许可使用合同。

著作权集体管理组织不得与使用者订立专有许可使用合同。

使用者以合理的条件要求与著作权集体管理组织订立许可使用合同，著作权集体管理组织不得拒绝。

许可使用合同的期限不得超过 2 年；合同期限届满可以续订。

第二十四条 著作权集体管理组织应当建立权利信息查询系统，供权利人和使用者查询。权利信息查询系统应当包括著作权集体管理组织管理的权利种类和作品、录音录像制品等的名称、权利人姓名或者名称、授权管理的期限。

权利人和使用者对著作权集体管理组织管理的权利的信息进行咨询时，该组织应当予以答复。

第二十五条 除著作权法第二十三条、第三十二条第二款、第三十九条第三款、第四十二条第二款和第四十三条规定应当支付的使用费外，著作权集体管理组织应当根据国务院著作权管理部门公告的使用费收取标准，与使用者约定收取使用费的具体数额。

第二十六条 两个或者两个以上著作权集体管理组织就同一使用方式向同一使用者收取使用费，可以事先协商确定由其中一个著作权集体管理组织统一收取。统一收取的使用费在有关著作权集体管理组织之间经协商分配。

第二十七条 使用者向著作权集体管理组织支付使用费时，应当提供其使用的作品、录音录像制品等的名称、权利人姓名或者名称和使用的方式、数量、时间等有关使用情况；许可使用合同另有约定的除外。

使用者提供的有关使用情况涉及该使用者商业秘密的，著作权集体管理组织负有保密义务。

第二十八条 著作权集体管理组织可以从收取的使用费中提

取一定比例作为管理费,用于维持其正常的业务活动。

著作权集体管理组织提取管理费的比例应当随着使用费收入的增加而逐步降低。

第二十九条 著作权集体管理组织收取的使用费,在提取管理费后,应当全部转付给权利人,不得挪作他用。

著作权集体管理组织转付使用费,应当编制使用费转付记录。使用费转付记录应当载明使用费总额、管理费数额、权利人姓名或者名称、作品或者录音录像制品等的名称、有关使用情况、向各权利人转付使用费的具体数额等事项,并应当保存10年以上。

第五章 对著作权集体管理组织的监督

第三十条 著作权集体管理组织应当依法建立财务、会计制度和资产管理制度,并按照国家有关规定设置会计账簿。

第三十一条 著作权集体管理组织的资产使用和财务管理受国务院著作权管理部门和民政部门的监督。

著作权集体管理组织应当在每个会计年度结束时制作财务会计报告,委托会计师事务所依法进行审计,并公布审计结果。

第三十二条 著作权集体管理组织应当对下列事项进行记录,供权利人和使用者查阅:

(一)作品许可使用情况;

(二)使用费收取和转付情况;

(三)管理费提取和使用情况。

权利人有权查阅、复制著作权集体管理组织的财务报告、工作报告和其他业务材料;著作权集体管理组织应当提供便利。

第三十三条 权利人认为著作权集体管理组织有下列情形之一的,可以向国务院著作权管理部门检举:

(一)权利人符合章程规定的加入条件要求加入著作权集体管理组织,或者会员依照章程规定的程序要求退出著作权集体管理组织,著作权集体管理组织拒绝的;

(二)著作权集体管理组织不按照规定收取、转付使用费,或者不按照规定提取、使用管理费的;

(三)权利人要求查阅本条例第三十二条规定的记录、业务材料,著作权集体管理组织拒绝提供的。

第三十四条 使用者认为著作权集体管理组织有下列情形之一的,可以向国务院著作权管理部门检举:

(一)著作权集体管理组织违反本条例第二十三条规定拒绝与使用者订立许可使用合同的;

(二)著作权集体管理组织未根据公告的使用费收取标准约定收取使用费的具体数额的;

(三)使用者要求查阅本条例第三十二条规定的记录,著作权集体管理组织拒绝提供的。

第三十五条 权利人和使用者以外的公民、法人或者其他组织认为著作权集体管理组织有违反本条例规定的行为的,可以向国务院著作权管理部门举报。

第三十六条 国务院著作权管理部门应当自接到检举、举报之日起60日内对检举、举报事项进行调查并依法处理。

第三十七条 国务院著作权管理部门可以采取下列方式对著作权集体管理组织进行监督,并应当对监督活动作出记录:

(一)检查著作权集体管理组织的业务活动是否符合本条例及

其章程的规定；

（二）核查著作权集体管理组织的会计账簿、年度预算和决算报告及其他有关业务材料；

（三）派员列席著作权集体管理组织的会员大会、理事会等重要会议。

第三十八条 著作权集体管理组织应当依法接受国务院民政部门和其他有关部门的监督。

第六章 法 律 责 任

第三十九条 著作权集体管理组织有下列情形之一的，由国务院著作权管理部门责令限期改正：

（一）违反本条例第二十二条规定，未将与境外同类组织订立的相互代表协议报国务院著作权管理部门备案的；

（二）违反本条例第二十四条规定，未建立权利信息查询系统的；

（三）未根据公告的使用费收取标准约定收取使用费的具体数额的。

著作权集体管理组织超出业务范围管理权利人的权利的，由国务院著作权管理部门责令限期改正，其与使用者订立的许可使用合同无效；给权利人、使用者造成损害的，依法承担民事责任。

第四十条 著作权集体管理组织有下列情形之一的，由国务院著作权管理部门责令限期改正；逾期不改正的，责令会员大会或者理事会根据本条例规定的权限罢免或者解聘直接负责的主管人员：

（一）违反本条例第十九条规定拒绝与权利人订立著作权集体管理合同的，或者违反本条例第二十一条的规定拒绝会员退出该组织的要求的；

（二）违反本条例第二十三条规定，拒绝与使用者订立许可使用合同的；

（三）违反本条例第二十八条规定提取管理费的；

（四）违反本条例第二十九条规定转付使用费的；

（五）拒绝提供或者提供虚假的会计账簿、年度预算和决算报告或者其他有关业务材料的。

第四十一条 著作权集体管理组织自国务院民政部门发给登记证书之日起超过6个月无正当理由未开展著作权集体管理活动，或者连续中止著作权集体管理活动6个月以上的，由国务院著作权管理部门吊销其著作权集体管理许可证，并由国务院民政部门撤销登记。

第四十二条 著作权集体管理组织从事营利性经营活动的，由工商行政管理部门依法予以取缔，没收违法所得；构成犯罪的，依法追究刑事责任。

第四十三条 违反本条例第二十七条的规定，使用者能够提供有关使用情况而拒绝提供，或者在提供有关使用情况时弄虚作假的，由国务院著作权管理部门责令改正；著作权集体管理组织可以中止许可使用合同。

第四十四条 擅自设立著作权集体管理组织或者分支机构，或者擅自从事著作权集体管理活动的，由国务院著作权管理部门或者民政部门依照职责分工予以取缔，没收违法所得；构成犯罪的，依法追究刑事责任。

第四十五条 依照本条例规定从事著作权集体管理组织审批和监督工作的国家行政机关工作人员玩忽职守、滥用职权、徇私舞弊，构成犯罪的，依法追究刑事责任；尚不构成犯罪的，依法给予行政处分。

第七章 附 则

第四十六条 本条例施行前已经设立的著作权集体管理组织，应当自本条例生效之日起3个月内，将其章程、使用费收取标准、使用费转付办法及其他有关材料报国务院著作权管理部门审核，并将其与境外同类组织订立的相互代表协议报国务院著作权管理部门备案。

第四十七条 依照著作权法第二十三条、第三十二条第二款、第三十九条第三款的规定使用他人作品，未能依照《中华人民共和国著作权法实施条例》第三十二条的规定向权利人支付使用费的，应当将使用费连同邮资以及使用作品的有关情况送交管理相关权利的著作权集体管理组织，由该著作权集体管理组织将使用费转付给权利人。

负责转付使用费的著作权集体管理组织应当建立作品使用情况查询系统，供权利人、使用者查询。

负责转付使用费的著作权集体管理组织可以从其收到的使用费中提取管理费，管理费按照会员大会决定的该集体管理组织管理费的比例减半提取。除管理费外，该著作权集体管理组织不得从其收到的使用费中提取其他任何费用。

第四十八条 本条例自2005年3月1日起施行。

中华人民共和国国务院令

第 468 号

《信息网络传播权保护条例》已经 2006 年 5 月 10 日国务院第 135 次常务会议通过,现予公布,自 2006 年 7 月 1 日起施行。

总　理　温家宝

二〇〇六年五月十八日

信息网络传播权保护条例

第一条 为保护著作权人、表演者、录音录像制作者(以下统称权利人)的信息网络传播权,鼓励有益于社会主义精神文明、物质文明建设的作品的创作和传播,根据《中华人民共和国著作权法》(以下简称著作权法),制定本条例。

第二条 权利人享有的信息网络传播权受著作权法和本条例保护。除法律、行政法规另有规定的外,任何组织或者个人将他人的作品、表演、录音录像制品通过信息网络向公众提供,应当取得权利人许可,并支付报酬。

第三条 依法禁止提供的作品、表演、录音录像制品,不受本条例保护。

权利人行使信息网络传播权,不得违反宪法和法律、行政法规,不得损害公共利益。

第四条 为了保护信息网络传播权,权利人可以采取技术措施。

任何组织或者个人不得故意避开或者破坏技术措施,不得故意制造、进口或者向公众提供主要用于避开或者破坏技术措施的装置或者部件,不得故意为他人避开或者破坏技术措施提供技术服务。但是,法律、行政法规规定可以避开的除外。

第五条 未经权利人许可,任何组织或者个人不得进行下列行为:

(一)故意删除或者改变通过信息网络向公众提供的作品、表演、录音录像制品的权利管理电子信息,但由于技术上的原因无法避免删除或者改变的除外;

(二)通过信息网络向公众提供明知或者应知未经权利人许可被删除或者改变权利管理电子信息的作品、表演、录音录像制品。

第六条 通过信息网络提供他人作品,属于下列情形的,可以不经著作权人许可,不向其支付报酬:

(一)为介绍、评论某一作品或者说明某一问题,在向公众提供的作品中适当引用已经发表的作品;

(二)为报道时事新闻,在向公众提供的作品中不可避免地再现或者引用已经发表的作品;

(三)为学校课堂教学或者科学研究,向少数教学、科研人员提供少量已经发表的作品;

(四)国家机关为执行公务,在合理范围内向公众提供已经发表的作品;

(五)将中国公民、法人或者其他组织已经发表的、以汉语言文字创作的作品翻译成的少数民族语言文字作品,向中国境内少数民族提供;

(六)不以营利为目的,以盲人能够感知的独特方式向盲人提供已经发表的文字作品;

(七)向公众提供在信息网络上已经发表的关于政治、经济问题的时事性文章;

(八)向公众提供在公众集会上发表的讲话。

第七条　图书馆、档案馆、纪念馆、博物馆、美术馆等可以不经著作权人许可,通过信息网络向本馆馆舍内服务对象提供本馆收藏的合法出版的数字作品和依法为陈列或者保存版本的需要以数字化形式复制的作品,不向其支付报酬,但不得直接或者间接获得经济利益。当事人另有约定的除外。

前款规定的为陈列或者保存版本需要以数字化形式复制的作品,应当是已经损毁或者濒临损毁、丢失或者失窃,或者其存储格式已经过时,并且在市场上无法购买或者只能以明显高于标定的价格购买的作品。

第八条　为通过信息网络实施九年制义务教育或者国家教育规划,可以不经著作权人许可,使用其已经发表作品的片断或者短小的文字作品、音乐作品或者单幅的美术作品、摄影作品制作课件,由制作课件或者依法取得课件的远程教育机构通过信息网络向注册学生提供,但应当向著作权人支付报酬。

第九条　为扶助贫困,通过信息网络向农村地区的公众免费提供中国公民、法人或者其他组织已经发表的种植养殖、防病治病、防灾减灾等与扶助贫困有关的作品和适应基本文化需求的作品,网络服务提供者应当在提供前公告拟提供的作品及其作者、拟支付报酬的标准。自公告之日起 30 日内,著作权人不同意提供的,网络服务提供者不得提供其作品;自公告之日起满 30 日,著作权人没有异议的,网络服务提供者可以提供其作品,并按照公告的标准向著作权人支付报酬。网络服务提供者提供著作权人的作品后,著作权人不同意提供的,网络服务提供者应当立即删除著作权人的作品,并按照公告的标准向著作权人支付提供作品期间的报酬。

依照前款规定提供作品的,不得直接或者间接获得经济利益。

第十条 依照本条例规定不经著作权人许可、通过信息网络向公众提供其作品的,还应当遵守下列规定:

(一)除本条例第六条第(一)项至第(六)项、第七条规定的情形外,不得提供作者事先声明不许提供的作品;

(二)指明作品的名称和作者的姓名(名称);

(三)依照本条例规定支付报酬;

(四)采取技术措施,防止本条例第七条、第八条、第九条规定的服务对象以外的其他人获得著作权人的作品,并防止本条例第七条规定的服务对象的复制行为对著作权人利益造成实质性损害;

(五)不得侵犯著作权人依法享有的其他权利。

第十一条 通过信息网络提供他人表演、录音录像制品的,应当遵守本条例第六条至第十条的规定。

第十二条 属于下列情形的,可以避开技术措施,但不得向他人提供避开技术措施的技术、装置或者部件,不得侵犯权利人依法享有的其他权利:

(一)为学校课堂教学或者科学研究,通过信息网络向少数教学、科研人员提供已经发表的作品、表演、录音录像制品,而该作品、表演、录音录像制品只能通过信息网络获取;

(二)不以营利为目的,通过信息网络以盲人能够感知的独特方式向盲人提供已经发表的文字作品,而该作品只能通过信息网络获取;

(三)国家机关依照行政、司法程序执行公务;

(四)在信息网络上对计算机及其系统或者网络的安全性能进

行测试。

第十三条 著作权行政管理部门为了查处侵犯信息网络传播权的行为,可以要求网络服务提供者提供涉嫌侵权的服务对象的姓名(名称)、联系方式、网络地址等资料。

第十四条 对提供信息存储空间或者提供搜索、链接服务的网络服务提供者,权利人认为其服务所涉及的作品、表演、录音录像制品,侵犯自己的信息网络传播权或者被删除、改变了自己的权利管理电子信息的,可以向该网络服务提供者提交书面通知,要求网络服务提供者删除该作品、表演、录音录像制品,或者断开与该作品、表演、录音录像制品的链接。通知书应当包含下列内容:

(一)权利人的姓名(名称)、联系方式和地址;

(二)要求删除或者断开链接的侵权作品、表演、录音录像制品的名称和网络地址;

(三)构成侵权的初步证明材料。

权利人应当对通知书的真实性负责。

第十五条 网络服务提供者接到权利人的通知书后,应当立即删除涉嫌侵权的作品、表演、录音录像制品,或者断开与涉嫌侵权的作品、表演、录音录像制品的链接,并同时将通知书转送提供作品、表演、录音录像制品的服务对象;服务对象网络地址不明、无法转送的,应当将通知书的内容同时在信息网络上公告。

第十六条 服务对象接到网络服务提供者转送的通知书后,认为其提供的作品、表演、录音录像制品未侵犯他人权利的,可以向网络服务提供者提交书面说明,要求恢复被删除的作品、表演、录音录像制品,或者恢复与被断开的作品、表演、录音录像制品的链接。书面说明应当包含下列内容:

（一）服务对象的姓名（名称）、联系方式和地址；

（二）要求恢复的作品、表演、录音录像制品的名称和网络地址；

（三）不构成侵权的初步证明材料。

服务对象应当对书面说明的真实性负责。

第十七条 网络服务提供者接到服务对象的书面说明后，应当立即恢复被删除的作品、表演、录音录像制品，或者可以恢复与被断开的作品、表演、录音录像制品的链接，同时将服务对象的书面说明转送权利人。权利人不得再通知网络服务提供者删除该作品、表演、录音录像制品，或者断开与该作品、表演、录音录像制品的链接。

第十八条 违反本条例规定，有下列侵权行为之一的，根据情况承担停止侵害、消除影响、赔礼道歉、赔偿损失等民事责任；同时损害公共利益的，可以由著作权行政管理部门责令停止侵权行为，没收违法所得，并可处以10万元以下的罚款；情节严重的，著作权行政管理部门可以没收主要用于提供网络服务的计算机等设备；构成犯罪的，依法追究刑事责任：

（一）通过信息网络擅自向公众提供他人的作品、表演、录音录像制品的；

（二）故意避开或者破坏技术措施的；

（三）故意删除或者改变通过信息网络向公众提供的作品、表演、录音录像制品的权利管理电子信息，或者通过信息网络向公众提供明知或者应知未经权利人许可而被删除或者改变权利管理电子信息的作品、表演、录音录像制品的；

（四）为扶助贫困通过信息网络向农村地区提供作品、表演、录

音录像制品超过规定范围,或者未按照公告的标准支付报酬,或者在权利人不同意提供其作品、表演、录音录像制品后未立即删除的;

(五)通过信息网络提供他人的作品、表演、录音录像制品,未指明作品、表演、录音录像制品的名称或者作者、表演者、录音录像制作者的姓名(名称),或者未支付报酬,或者未依照本条例规定采取技术措施防止服务对象以外的其他人获得他人的作品、表演、录音录像制品,或者未防止服务对象的复制行为对权利人利益造成实质性损害的。

第十九条 违反本条例规定,有下列行为之一的,由著作权行政管理部门予以警告,没收违法所得,没收主要用于避开、破坏技术措施的装置或者部件;情节严重的,可以没收主要用于提供网络服务的计算机等设备,并可处以10万元以下的罚款;构成犯罪的,依法追究刑事责任:

(一)故意制造、进口或者向他人提供主要用于避开、破坏技术措施的装置或者部件,或者故意为他人避开或者破坏技术措施提供技术服务的;

(二)通过信息网络提供他人的作品、表演、录音录像制品,获得经济利益的;

(三)为扶助贫困通过信息网络向农村地区提供作品、表演、录音录像制品,未在提供前公告作品、表演、录音录像制品的名称和作者、表演者、录音录像制作者的姓名(名称)以及报酬标准的。

第二十条 网络服务提供者根据服务对象的指令提供网络自动接入服务,或者对服务对象提供的作品、表演、录音录像制品提供自动传输服务,并具备下列条件的,不承担赔偿责任:

（一）未选择并且未改变所传输的作品、表演、录音录像制品；

（二）向指定的服务对象提供该作品、表演、录音录像制品，并防止指定的服务对象以外的其他人获得。

第二十一条 网络服务提供者为提高网络传输效率，自动存储从其他网络服务提供者获得的作品、表演、录音录像制品，根据技术安排自动向服务对象提供，并具备下列条件的，不承担赔偿责任：

（一）未改变自动存储的作品、表演、录音录像制品；

（二）不影响提供作品、表演、录音录像制品的原网络服务提供者掌握服务对象获取该作品、表演、录音录像制品的情况；

（三）在原网络服务提供者修改、删除或者屏蔽该作品、表演、录音录像制品时，根据技术安排自动予以修改、删除或者屏蔽。

第二十二条 网络服务提供者为服务对象提供信息存储空间，供服务对象通过信息网络向公众提供作品、表演、录音录像制品，并具备下列条件的，不承担赔偿责任：

（一）明确标示该信息存储空间是为服务对象所提供，并公开网络服务提供者的名称、联系人、网络地址；

（二）未改变服务对象所提供的作品、表演、录音录像制品；

（三）不知道也没有合理的理由应当知道服务对象提供的作品、表演、录音录像制品侵权；

（四）未从服务对象提供作品、表演、录音录像制品中直接获得经济利益；

（五）在接到权利人的通知书后，根据本条例规定删除权利人认为侵权的作品、表演、录音录像制品。

第二十三条 网络服务提供者为服务对象提供搜索或者链接

服务,在接到权利人的通知书后,根据本条例规定断开与侵权的作品、表演、录音录像制品的链接的,不承担赔偿责任;但是,明知或者应知所链接的作品、表演、录音录像制品侵权的,应当承担共同侵权责任。

第二十四条　因权利人的通知导致网络服务提供者错误删除作品、表演、录音录像制品,或者错误断开与作品、表演、录音录像制品的链接,给服务对象造成损失的,权利人应当承担赔偿责任。

第二十五条　网络服务提供者无正当理由拒绝提供或者拖延提供涉嫌侵权的服务对象的姓名(名称)、联系方式、网络地址等资料的,由著作权行政管理部门予以警告;情节严重的,没收主要用于提供网络服务的计算机等设备。

第二十六条　本条例下列用语的含义:

信息网络传播权,是指以有线或者无线方式向公众提供作品、表演或者录音录像制品,使公众可以在其个人选定的时间和地点获得作品、表演或者录音录像制品的权利。

技术措施,是指用于防止、限制未经权利人许可浏览、欣赏作品、表演、录音录像制品的或者通过信息网络向公众提供作品、表演、录音录像制品的有效技术、装置或者部件。

权利管理电子信息,是指说明作品及其作者、表演及其表演者、录音录像制品及其制作者的信息,作品、表演、录音录像制品权利人的信息和使用条件的信息,以及表示上述信息的数字或者代码。

第二十七条　本条例自 2006 年 7 月 1 日起施行。

中华人民共和国国务院令

第 566 号

《广播电台电视台播放录音制品支付报酬暂行办法》已经2009年5月6日国务院第62次常务会议通过,现予公布,自2010年1月1日起施行。

总　理　温家宝

二〇〇九年十一月十日

广播电台电视台播放录音制品
支付报酬暂行办法

第一条 为了保障著作权人依法行使广播权,方便广播电台、电视台播放录音制品,根据《中华人民共和国著作权法》(以下称著作权法)第四十三条的规定,制定本办法。

第二条 广播电台、电视台可以就播放已经发表的音乐作品向著作权人支付报酬的方式、数额等有关事项与管理相关权利的著作权集体管理组织进行约定。

广播电台、电视台播放已经出版的录音制品,已经与著作权人订立许可使用合同的,按照合同约定的方式和标准支付报酬。

广播电台、电视台依照著作权法第四十三条的规定,未经著作权人的许可播放已经出版的录音制品(以下称播放录音制品)的,依照本办法向著作权人支付报酬。

第三条 本办法所称播放,是指广播电台、电视台以无线或者有线的方式进行的首播、重播和转播。

第四条 广播电台、电视台播放录音制品,可以与管理相关权利的著作权集体管理组织约定每年向著作权人支付固定数额的报酬;没有就固定数额进行约定或者约定不成的,广播电台、电视台与管理相关权利的著作权集体管理组织可以下列方式之一为基

础,协商向著作权人支付报酬:

(一)以本台或者本台各频道(频率)本年度广告收入扣除15%成本费用后的余额,乘以本办法第五条或者第六条规定的付酬标准,计算支付报酬的数额;

(二)以本台本年度播放录音制品的时间总量,乘以本办法第七条规定的单位时间付酬标准,计算支付报酬的数额。

第五条 以本办法第四条第(一)项规定方式确定向著作权人支付报酬的数额的,自本办法施行之日起 5 年内,按照下列付酬标准协商支付报酬的数额:

(一)播放录音制品的时间占本台或者本频道(频率)播放节目总时间的比例(以下称播放时间比例)不足 1% 的,付酬标准为 0.01%;

(二)播放时间比例为 1% 以上不足 3% 的,付酬标准为 0.02%;

(三)播放时间比例为 3% 以上不足 6% 的,相应的付酬标准为 0.09% 到 0.15%,播放时间比例每增加 1%,付酬标准相应增加 0.03%;

(四)播放时间比例为 6% 以上 10% 以下的,相应的付酬标准为 0.24% 到 0.4%,播放时间比例每增加 1%,付酬标准相应增加 0.04%;

(五)播放时间比例超过 10% 不足 30% 的,付酬标准为 0.5%;

(六)播放时间比例为 30% 以上不足 50% 的,付酬标准为 0.6%;

(七)播放时间比例为 50% 以上不足 80% 的,付酬标准为

0.7%；

（八）播放时间比例为80%以上的，付酬标准为0.8%。

第六条 以本办法第四条第（一）项规定方式确定向著作权人支付报酬的数额的，自本办法施行届满5年之日起，按照下列付酬标准协商支付报酬的数额：

（一）播放时间比例不足1%的，付酬标准为0.02%；

（二）播放时间比例为1%以上不足3%的，付酬标准为0.03%；

（三）播放时间比例为3%以上不足6%的，相应的付酬标准为0.12%到0.2%，播放时间比例每增加1%，付酬标准相应增加0.04%；

（四）播放时间比例为6%以上10%以下的，相应的付酬标准为0.3%到0.5%，播放时间比例每增加1%，付酬标准相应增加0.05%；

（五）播放时间比例超过10%不足30%的，付酬标准为0.6%；

（六）播放时间比例为30%以上不足50%的，付酬标准为0.7%；

（七）播放时间比例为50%以上不足80%的，付酬标准为0.8%；

（八）播放时间比例为80%以上的，付酬标准为0.9%。

第七条 以本办法第四条第（二）项规定的方式确定向著作权人支付报酬的数额的，按照下列付酬标准协商支付报酬的数额：

（一）广播电台的单位时间付酬标准为每分钟0.30元；

（二）电视台的单位时间付酬标准自本办法施行之日起5年内

为每分钟1.50元,自本办法施行届满5年之日起为每分钟2元。

第八条 广播电台、电视台播放录音制品,未能依照本办法第四条的规定与管理相关权利的著作权集体管理组织约定支付报酬的固定数额,也未能协商确定应支付报酬的,应当依照本办法第四条第(一)项规定的方式和第五条、第六条规定的标准,确定向管理相关权利的著作权集体管理组织支付报酬的数额。

第九条 广播电台、电视台转播其他广播电台、电视台播放的录音制品的,其播放录音制品的时间按照实际播放时间的10%计算。

第十条 中部地区的广播电台、电视台依照本办法规定方式向著作权人支付报酬的数额,自本办法施行之日起5年内,按照依据本办法规定计算出的数额的50%计算。

西部地区的广播电台、电视台以及全国专门对少年儿童、少数民族和农村地区等播出的专业频道(频率),依照本办法规定方式向著作权人支付报酬的数额,自本办法施行之日起5年内,按照依据本办法规定计算出的数额的10%计算;自本办法施行届满5年之日起,按照依据本办法规定计算出的数额的50%计算。

第十一条 县级以上人民政府财政部门将本级人民政府设立的广播电台、电视台播放录音制品向著作权人支付报酬的支出作为核定其收支的因素,根据本地区财政情况综合考虑,统筹安排。

第十二条 广播电台、电视台向著作权人支付报酬,以年度为结算期。

广播电台、电视台应当于每年度第一季度将其上年度应当支付的报酬交由著作权集体管理组织转付给著作权人。

广播电台、电视台通过著作权集体管理组织向著作权人支付报酬时,应当提供其播放作品的名称、著作权人姓名或者名称、播放时间等情况,双方已有约定的除外。

第十三条 广播电台、电视台播放录音制品,未向管理相关权利的著作权集体管理组织会员以外的著作权人支付报酬的,应当按照本办法第十二条的规定将应支付的报酬送交管理相关权利的著作权集体管理组织;管理相关权利的著作权集体管理组织应当向著作权人转付。

第十四条 著作权集体管理组织向著作权人转付报酬,除本办法已有规定外,适用《著作权集体管理条例》的有关规定。

第十五条 广播电台、电视台依照本办法规定将应当向著作权人支付的报酬交给著作权集体管理组织后,对著作权集体管理组织与著作权人之间的纠纷不承担责任。

第十六条 广播电台、电视台与著作权人或者著作权集体管理组织因依照本办法规定支付报酬产生纠纷的,可以依法向人民法院提起民事诉讼,或者根据双方达成的书面仲裁协议向仲裁机构申请仲裁。

第十七条 本办法自2010年1月1日起施行。

中华人民共和国国务院令

第 105 号

现发布《实施国际著作权条约的规定》,自一九九二年九月三十日起施行。

总　理　李鹏

一九九二年九月二十五日

实施国际著作权条约的规定

第一条 为实施国际著作权条约,保护外国作品著作权人的合法权益,制定本规定。

第二条 对外国作品的保护,适用《中华人民共和国著作权法》(以下称著作权法)、《中华人民共和国著作权法实施条例》、《计算机软件保护条例》和本规定。

第三条 本规定所称国际著作权条约,是指中华人民共和国(以下称中国)参加的《伯尔尼保护文学和艺术作品公约》(以下称伯尔尼公约)和与外国签订的有关著作权的双边协定。

第四条 本规定所称外国作品,包括:

(一)作者或者作者之一,其他著作权人或者著作权人之一是国际著作权条约成员国的国民或者在该条约的成员国有经常居所的居民的作品;

(二)作者不是国际著作权条约成员国的国民或者在该条约的成员国有经常居所的居民,但是在该条约的成员国首次或者同时发表的作品;

(三)中外合资经营企业、中外合作经营企业和外资企业按照合同约定是著作权人或者著作权人之一的,其委托他人创作的作品。

第五条　对未发表的外国作品的保护期,适用著作权法第二十条、第二十一条的规定。

第六条　对外国实用艺术作品的保护期,为自该作品完成起二十五年。

美术作品(包括动画形象设计)用于工业制品的,不适用前款规定。

第七条　外国计算机程序作为文学作品保护,可以不履行登记手续,保护期为自该程序首次发表之年年底起五十年。

第八条　外国作品是由不受保护的材料编辑而成,但是在材料的选取或者编排上有独创性的,依照著作权法第十四条的规定予以保护。此种保护不排斥他人利用同样的材料进行编辑。

第九条　外国录像制品根据国际著作权条约构成电影作品的,作为电影作品保护。

第十条　将外国人已经发表的以汉族文字创作的作品,翻译成少数民族文字出版发行的,应当事先取得著作权人的授权。

第十一条　外国作品著作权人,可以授权他人以任何方式、手段公开表演其作品或者公开传播对其作品的表演。

第十二条　外国电影、电视和录像作品的著作权人可以授权他人公开表演其作品。

第十三条　报刊转载外国作品,应当事先取得著作权人的授权;但是,转载有关政治、经济等社会问题的时事文章除外。

第十四条　外国作品的著作权人在授权他人发行其作品的复制品后,可以授权或者禁止出租其作品的复制品。

第十五条　外国作品的著作权人有权禁止进口其作品的下列复制品:

(一)侵权复制品；

(二)来自对其作品不予保护的国家的复制品。

第十六条 表演、录音或者广播外国作品,适用伯尔尼公约的规定;有集体管理组织的,应当事先取得该组织的授权。

第十七条 国际著作权条约在中国生效之日尚未在起源国进入公有领域的外国作品,按照著作权法和本规定规定的保护期受保护,到期满为止。

前款规定不适用于国际著作权条约在中国生效之日前发生的对外国作品的使用。

中国公民或者法人在国际著作权条约在中国生效之日前为特定目的而拥有和使用外国作品的特定复制本的,可以继续使用该作品的复制本而不承担责任;但是,该复制本不得以任何不合理地损害该作品著作权人合法权益的方式复制和使用。

前三款规定依照中国同有关国家签订的有关著作权的双边协定的规定实施。

第十八条 本规定第五条、第十二条、第十四条、第十五条、第十七条适用于录音制品。

第十九条 本规定施行前,有关著作权的行政法规与本规定有不同规定的,适用本规定。本规定与国际著作权条约有不同规定的,适用国际著作权条约。

第二十条 国家版权局负责国际著作权条约在中国的实施。

第二十一条 本规定由国家版权局负责解释。

第二十二条 本规定自一九九二年九月三十日起施行。

中华人民共和国主席令

第八十三号

《中华人民共和国刑法》已由中华人民共和国第八届全国人民代表大会第五次会议于 1997 年 3 月 14 日修订,现将修订后的《中华人民共和国刑法》公布,自 1997 年 10 月 1 日起施行。

中华人民共和国主席　江泽民
1997 年 3 月 14 日

中华人民共和国刑法(节选)

(1979年7月1日第五届全国人民代表大会第二次会议通过,1997年3月14日第八届全国人民代表大会第五次会议修订)

第三章 破坏社会主义市场经济秩序罪

第七节 侵犯知识产权罪

第二百一十七条 以营利为目的,有下列侵犯著作权情形之一,违法所得数额较大或者有其他严重情节的,处三年以下有期徒刑或者拘役,并处或者单处罚金;违法所得数额巨大或者有其他特别严重情节的,处三年以上七年以下有期徒刑,并处罚金:

(一)未经著作权人许可,复制发行其文字作品、音乐、电影、电视、录像作品、计算机软件及其他作品的;

(二)出版他人享有专有出版权的图书的;

(三)未经录音录像制作者许可,复制发行其制作的录音录像的;

(四)制作、出售假冒他人署名的美术作品的。

第二百一十八条 以营利为目的,销售明知是本法第二百一十七条规定的侵权复制品,违法所得数额巨大的,处三年以下有期徒刑或者拘役,并处或者单处罚金。

第二百二十条 单位犯本节第二百一十三条至第二百一十九条规定之罪的,对单位判处罚金,并对其直接负责的主管人员和其他直接责任人员,依照本节各该条的规定处罚。

中华人民共和国国务院令

第 310 号

《行政执法机关移送涉嫌犯罪案件的规定》已经 2001 年 7 月 4 日国务院第 42 次常务会议通过,现予公布,自公布之日起施行。

总　理　朱镕基

二〇〇一年七月九日

行政执法机关
移送涉嫌犯罪案件的规定

第一条 为了保证行政执法机关向公安机关及时移送涉嫌犯罪案件，依法惩罚破坏社会主义市场经济秩序罪、妨害社会管理秩序罪以及其他罪，保障社会主义建设事业顺利进行，制定本规定。

第二条 本规定所称行政执法机关，是指依照法律、法规或者规章的规定，对破坏社会主义市场经济秩序、妨害社会管理秩序以及其他违法行为具有行政处罚权的行政机关，以及法律、法规授权的具有管理公共事务职能、在法定授权范围内实施行政处罚的组织。

第三条 行政执法机关在依法查处违法行为过程中，发现违法事实涉及的金额、违法事实的情节、违法事实造成的后果等，根据刑法关于破坏社会主义市场经济秩序罪、妨害社会管理秩序罪等罪的规定和最高人民法院、最高人民检察院关于破坏社会主义市场经济秩序罪、妨害社会管理秩序罪等罪的司法解释以及最高人民检察院、公安部关于经济犯罪案件的追诉标准等规定，涉嫌构成犯罪，依法需要追究刑事责任的，必须依照本规定向公安机关移送。

第四条 行政执法机关在查处违法行为过程中，必须妥善保存所收集的与违法行为有关的证据。

行政执法机关对查获的涉案物品,应当如实填写涉案物品清单,并按照国家有关规定予以处理。对易腐烂、变质等不宜或者不易保管的涉案物品,应当采取必要措施,留取证据;对需要进行检验、鉴定的涉案物品,应当由法定检验、鉴定机构进行检验、鉴定,并出具检验报告或者鉴定结论。

第五条 行政执法机关对应当向公安机关移送的涉嫌犯罪案件,应当立即指定2名或者2名以上行政执法人员组成专案组专门负责,核实情况后提出移送涉嫌犯罪案件的书面报告,报经本机关正职负责人或者主持工作的负责人审批。

行政执法机关正职负责人或者主持工作的负责人应当自接到报告之日起3日内作出批准移送或者不批准移送的决定。决定批准的,应当在24小时内向同级公安机关移送;决定不批准的,应当将不予批准的理由记录在案。

第六条 行政执法机关向公安机关移送涉嫌犯罪案件,应当附有下列材料:

(一)涉嫌犯罪案件移送书;

(二)涉嫌犯罪案件情况的调查报告;

(三)涉案物品清单;

(四)有关检验报告或者鉴定结论;

(五)其他有关涉嫌犯罪的材料。

第七条 公安机关对行政执法机关移送的涉嫌犯罪案件,应当在涉嫌犯罪案件移送书的回执上签字;其中,不属于本机关管辖的,应当在24小时内转送有管辖权的机关,并书面告知移送案件的行政执法机关。

第八条 公安机关应当自接受行政执法机关移送的涉嫌犯罪案件之日起3日内,依照刑法、刑事诉讼法以及最高人民法院、最高人民检察院关于立案标准和公安部关于公安机关办理刑事案件程序的规定,对所移送的案件进行审查。认为有犯罪事实,需要追究刑事责任,依法决定立案的,应当书面通知移送案件的行政执法机关;认为没有犯罪事实,或者犯罪事实显著轻微,不需要追究刑事责任,依法不予立案的,应当说明理由,并书面通知移送案件的行政执法机关,相应退回案卷材料。

第九条 行政执法机关接到公安机关不予立案的通知书后,认为依法应当由公安机关决定立案的,可以自接到不予立案通知书之日起3日内,提请作出不予立案决定的公安机关复议,也可以建议人民检察院依法进行立案监督。

作出不予立案决定的公安机关应当自收到行政执法机关提请复议的文件之日起3日内作出立案或者不予立案的决定,并书面通知移送案件的行政执法机关。移送案件的行政执法机关对公安机关不予立案的复议决定仍有异议的,应当自收到复议决定通知书之日起3日内建议人民检察院依法进行立案监督。

公安机关应当接受人民检察院依法进行的立案监督。

第十条 行政执法机关对公安机关决定不予立案的案件,应当依法作出处理;其中,依照有关法律、法规或者规章的规定应当给予行政处罚的,应当依法实施行政处罚。

第十一条 行政执法机关对应当向公安机关移送的涉嫌犯罪案件,不得以行政处罚代替移送。

行政执法机关向公安机关移送涉嫌犯罪案件前已经作出的警告,责令停产停业,暂扣或者吊销许可证、暂扣或者吊销执照的行政处罚决定,不停止执行。

依照行政处罚法的规定,行政执法机关向公安机关移送涉嫌犯罪案件前,已经依法给予当事人罚款的,人民法院判处罚金时,依法折抵相应罚金。

第十二条 行政执法机关对公安机关决定立案的案件,应当自接到立案通知书之日起3日内将涉案物品以及与案件有关的其他材料移交公安机关,并办结交接手续;法律、行政法规另有规定的,依照其规定。

第十三条 公安机关对发现的违法行为,经审查,没有犯罪事实,或者立案侦查后认为犯罪事实显著轻微,不需要追究刑事责任,但依法应当追究行政责任的,应当及时将案件移送同级行政执法机关,有关行政执法机关应当依法作出处理。

第十四条 行政执法机关移送涉嫌犯罪案件,应当接受人民检察院和监察机关依法实施的监督。

任何单位和个人对行政执法机关违反本规定,应当向公安机关移送涉嫌犯罪案件而不移送的,有权向人民检察院、监察机关或者上级行政执法机关举报。

第十五条 行政执法机关违反本规定,隐匿、私分、销毁涉案物品的,由本级或者上级人民政府,或者实行垂直管理的上级行政执法机关,对其正职负责人根据情节轻重,给予降级以上的行政处分;构成犯罪的,依法追究刑事责任。

对前款所列行为直接负责的主管人员和其他直接责任人员,比照前款的规定给予行政处分;构成犯罪的,依法追究刑事责任。

第十六条 行政执法机关违反本规定,逾期不将案件移送公安机关的,由本级或者上级人民政府,或者实行垂直管理的上级行政执法机关,责令限期移送,并对其正职负责人或者主持工作的负责人根据情节轻重,给予记过以上的行政处分;构成犯罪的,依法追究刑事责任。

行政执法机关违反本规定,对应当向公安机关移送的案件不移送,或者以行政处罚代替移送的,由本级或者上级人民政府,或者实行垂直管理的上级行政执法机关,责令改正,给予通报;拒不改正的,对其正职负责人或者主持工作的负责人给予记过以上的行政处分;构成犯罪的,依法追究刑事责任。

对本条第一款、第二款所列行为直接负责的主管人员和其他直接责任人员,分别比照前两款的规定给予行政处分;构成犯罪的,依法追究刑事责任。

第十七条 公安机关违反本规定,不接受行政执法机关移送的涉嫌犯罪案件,或者逾期不作出立案或者不予立案的决定的,除由人民检察院依法实施立案监督外,由本级或者上级人民政府责令改正,对其正职负责人根据情节轻重,给予记过以上的行政处分;构成犯罪的,依法追究刑事责任。

对前款所列行为直接负责的主管人员和其他直接责任人员,比照前款的规定给予行政处分;构成犯罪的,依法追究刑事责任。

第十八条 行政执法机关在依法查处违法行为过程中,发现贪污贿赂、国家工作人员渎职或者国家机关工作人员利用职权侵犯公民人身权利和民主权利等违法行为,涉嫌构成犯罪的,应当比照本规定及时将案件移送人民检察院。

第十九条 本规定自公布之日起施行。

公安部、国家版权局关于在打击侵犯著作权违法犯罪工作中加强衔接配合的暂行规定

（公安部、国家版权局2006年3月26日颁布 自2006年3月26日起试行 公通字[2006]35号）

第一条 为加强公安机关和著作权管理部门（以下简称双方）的协作与配合，严厉打击侵犯著作权违法犯罪活动，保护文学、艺术和科学作品作者的著作权及相关权益，促进社会主义文化和科学事业的发展和繁荣，根据《中华人民共和国刑法》、《中华人民共和国著作权法》、《行政执法机关移送涉嫌犯罪案件的规定》及相关法律、法规，制定本规定。

第二条 双方加强打击侵犯著作权违法犯罪工作的衔接配合，包括通报涉嫌侵犯著作权违法犯罪和会商打击策略，依法移送和接受涉嫌侵犯著作权违法犯罪案件，相互通报打击侵犯著作权违法犯罪活动的情报信息，共同开展保护著作权领域的宣传和国际交流等事项。

第三条 双方在打击侵犯著作权违法犯罪工作中的衔接配合，由公安机关治安管理部门和著作权行政执法部门归口管理。

第四条 公安部治安管理局、国家版权局版权管理司以及各省级、地市级公安机关治安管理部门和著作权行政执法部门应当建立打击涉嫌侵犯著作权违法犯罪联席会议制度。联席会议由公安机关、著作权管理部门负责查处涉嫌侵犯著作权违法犯罪案件部门的负责人和其他相关职能部门的负责人组成。

县级公安机关应当与同级著作权管理部门建立打击侵犯著作权违法犯罪衔接配合机制,并根据当地实际情况确定具体形式和参加单位。

对没有设立著作权管理部门的,县级以上公安机关应当与同级新闻出版或者文化等承担著作权行政执法职责的部门共同建立打击侵犯著作权违法犯罪衔接配合机制。

第五条 联席会议每年召开一次,由公安机关治安管理部门、著作权行政执法部门轮流召集,轮值方负责会议的筹备和组织工作。如遇重大、紧急情况或者需要联合部署重要工作,可以召开临时联席会议。

联席会议的主要内容是总结衔接配合工作情况,制定工作措施和计划,研究重大案件的办理工作,交流打击侵犯著作权违法犯罪工作的情报信息。各级联席会议决定的有关事项,应当报送双方上级主管机关。

第六条 著作权管理部门在执法过程中,发现涉嫌侵犯著作权犯罪案件线索,应当及时通报同级公安机关。

公安机关对于在工作中发现的涉嫌侵犯著作权违法案件线索,应当及时通报同级著作权管理部门。

第七条 著作权管理部门向公安机关通报案件线索时,应当附有下列材料:

(一)案件(线索)通报函;
(二)涉嫌犯罪案件情况的认定调查报告;
(三)侵权复制品样品材料;
(四)侵权证明材料;
(五)其他有关材料。

第八条 公安机关向著作权管理部门通报行政违法案件线索时,应当附有下列材料:
(一)案件(线索)通报函;
(二)涉嫌行政违法案件情况的认定调查报告;
(三)相关证据材料;
(四)其他有关材料。

第九条 公安机关应当自接到著作权管理部门通报之日起3个工作日内,依法对所通报的案件线索进行审查,并可商请著作权管理部门提供必要的协助。认为有犯罪事实,应当追究刑事责任的,依法决定立案,书面通知通报线索的著作权管理部门;认为情节较轻,不构成犯罪的,应当说明理由,并书面通知通报线索的著作权管理部门。

著作权管理部门应当自接受公安机关通报的违法案件线索之日起3个工作日内,依法对所通报的案件线索进行审查,认为存在侵犯著作权等行政违法事实的,依法决定立案,书面通知通报线索的公安机关;认为不存在侵犯著作权等行政违法事实的,不予立案并书面通知通报线索的公安机关。

第十条 著作权行政执法部门在立案查出著作权违法案件过程中,对涉嫌犯罪的案件,应当依照国务院《行政执法机关移送涉嫌犯罪案件的规定》及有关规定向公安机关移送案件,不得以行政处罚代替刑事处罚。

著作权行政执法部门移送案件,原则上应一案一送。如果拟移送的案件数量较多,或者案情复杂、案件性质难以把握,著作权管理部门可与公安机关召开案件协调会。对决定移送的,著作权管理部门应当制作《涉嫌犯罪案件移送书》,连同著作权证明等材料汇总移送公安机关。

第十一条 公安机关、著作权管理部门应当共同加强著作权鉴定工作,并推动组建著作权鉴定机构,为打击侵犯著作权违法犯罪案件提供相应的执法保障。

第十二条 对于工作中发现的重大案件线索,公安机关、著作权管理部门可以召开临时联席会议,必要时邀请其他执法机关代表参加,共同会商、研究案情和决定打击对策,开展联合打击工作。

联合打击工作应以"精确打击"和"全程打击"为方针,采取协同作战的方式,查明盗版侵权复制品的生产、销售、运输、包装等各个环节的策划者、组织者、参与者,摧毁整个犯罪网络。

本条所称"重大案件",是指社会危害巨大、社会反映强烈、涉案价值巨大、涉及跨国境犯罪团伙或其他双方研究决定应当联合打击的案件。

第十三条 著作权管理部门接到重大案件线索举报,或者在执法现场查获重大案件,认为涉嫌犯罪的,应当立即通知公安机关,公安机关应当派员到场,共同研究查处工作。双方认为符合移送条件的,应当按照《行政执法机关移送涉嫌犯罪案件的规定》,立即交由公安机关处理。

第十四条 在公安机关决定立案通知书送达后3个工作日内,著作权管理部门应当向公安机关办理有关侵权复制品和用于违法犯罪行为的材料、工具、设备等的移交手续。公安机关需要到场查验有关涉案物品或者收集必要的侵权复制品样材的,著作权行政执法部门应当予以积极协助。

第十五条 公安机关就有关行为是否构成侵犯著作权问题需要咨询著作权管理部门意见的,应当向同级著作权管理部门书面提出认定要求,并应当附送涉嫌侵权复制品的样材、照片、文字说明等材料。除案情复杂的以外,著作权管理部门应当在收到函件后15个工作日内答复,著作权管理部门认定意见可以作为公安机关办案的参考。

地方公安机关对于案情重大、复杂,就有关行为是否构成侵犯著作权问题需要咨询上一级著作权管理部门意见的,应当先将有关情况上报上一级公安机关,由上一级公安机关向同级著作权管理部门征求意见。

第十六条 公安机关、著作权管理部门应当在执法过程中加强相互支持协助,并可根据实际需要,在当地党委政府和上级公安机关、著作权管理部门的领导下,共同开展专项行动。

第十七条 双方发挥各自的资源优势,共同组织开展培训、宣传、表彰等活动。在国际执法合作中要密切配合,共同参与有关国际交流活动。

第十八条 公安部治安管理局、国家版权局版权管理司对双方执行本规定的情况进行联合监督;各省、自治区、直辖市公安机关和著作权管理部门对本辖区内执行情况进行监督。

第十九条 本规定自公布之日起试行。

中华人民共和国国家版权局令

第 6 号

《著作权行政处罚实施办法》已经 2009 年 4 月 21 日国家版权局第 1 次局务会议通过,现予公布,自 2009 年 6 月 15 日起施行。

国家版权局局长　柳斌杰

二〇〇九年五月七日

著作权行政处罚实施办法

第一章 总 则

第一条 为规范著作权行政管理部门的行政处罚行为,保护公民、法人和其他组织的合法权益,根据《中华人民共和国行政处罚法》(以下称行政处罚法)、《中华人民共和国著作权法》(以下称著作权法)和其他有关法律、行政法规,制定本办法。

第二条 国家版权局以及地方人民政府享有著作权行政执法权的有关部门(以下称著作权行政管理部门),在法定职权范围内就本办法列举的违法行为实施行政处罚。法律、法规另有规定的,从其规定。

第三条 本办法所称的违法行为是指:

(一)著作权法第四十七条列举的侵权行为,同时损害公共利益的;

(二)《计算机软件保护条例》第二十四条列举的侵权行为,同时损害公共利益的;

(三)《信息网络传播权保护条例》第十八条列举的侵权行为,同时损害公共利益的;第十九条、第二十五条列举的侵权行为;

(四)《著作权集体管理条例》第四十一条、第四十四条规定的应予行政处罚的行为；

（五）其他有关著作权法律、法规、规章规定的应给予行政处罚的违法行为。

第四条 对本办法列举的违法行为，著作权行政管理部门可以依法责令停止侵权行为，并给予下列行政处罚：

（一）警告；

（二）罚款；

（三）没收违法所得；

（四）没收侵权制品；

（五）没收安装存储侵权制品的设备；

（六）没收主要用于制作侵权制品的材料、工具、设备等；

（七）法律、法规、规章规定的其他行政处罚。

第二章 管辖和适用

第五条 本办法列举的违法行为，由侵权行为实施地、侵权结果发生地、侵权制品储藏地或者依法查封扣押地的著作权行政管理部门负责查处。法律、行政法规另有规定的除外。

侵犯信息网络传播权的违法行为由侵权人住所地、实施侵权行为的网络服务器等设备所在地或侵权网站备案登记地的著作权行政管理部门负责查处。

第六条 国家版权局可以查处在全国有重大影响的违法行为，以及认为应当由其查处的其他违法行为。地方著作权行政管理部门负责查处本辖区发生的违法行为。

第七条 两个以上地方著作权行政管理部门对同一违法行为

均有管辖权时,由先立案的著作权行政管理部门负责查处该违法行为。

地方著作权行政管理部门因管辖权发生争议或者管辖不明时,由争议双方协商解决;协商不成的,报请共同的上一级著作权行政管理部门指定管辖;其共同的上一级著作权行政管理部门也可以直接指定管辖。

上级著作权行政管理部门在必要时,可以处理下级著作权行政管理部门管辖的有重大影响的案件,也可以将自己管辖的案件交由下级著作权行政管理部门处理;下级著作权行政管理部门认为其管辖的案件案情重大、复杂,需要由上级著作权行政管理部门处理的,可以报请上一级著作权行政管理部门处理。

第八条 著作权行政管理部门发现查处的违法行为,根据我国刑法规定涉嫌构成犯罪的,应当由该著作权行政管理部门依照国务院《行政执法机关移送涉嫌犯罪案件的规定》将案件移送司法部门处理。

第九条 著作权行政管理部门对违法行为予以行政处罚的时效为两年,从违法行为发生之日起计算。违法行为有连续或者继续状态的,从行为终了之日起计算。侵权制品仍在发行或仍在向公众进行传播的,视为违法行为仍在继续。

违法行为在两年内未被发现的,不再给予行政处罚。法律另有规定的除外。

第三章 处罚程序

第十条 除行政处罚法规定适用简易程序的情况外,著作权行政处罚适用行政处罚法规定的一般程序。

第十一条 著作权行政管理部门适用一般程序查处违法行为,应当立案。

对本办法列举的违法行为,著作权行政管理部门可以自行决定立案查处,或者根据有关部门移送的材料决定立案查处,也可以根据被侵权人、利害关系人或者其他知情人的投诉或者举报决定立案查处。

第十二条 投诉人就本办法列举的违法行为申请立案查处的,应当提交申请书、权利证明、被侵权作品(或者制品)以及其他证据。

申请书应当说明当事人的姓名(或者名称)、地址以及申请查处所根据的主要事实、理由。

投诉人委托代理人代为申请的,应当由代理人出示委托书。

第十三条 著作权行政管理部门应当在收到所有投诉材料之日起十五日内,决定是否受理并通知投诉人。不予受理的,应当书面告知理由。

第十四条 立案时应当填写立案审批表,同时附上相关材料,包括投诉或者举报材料、上级著作权行政管理部门交办或者有关部门移送案件的有关材料、执法人员的检查报告等,由本部门负责人批准,指定两名以上办案人员负责调查处理。

办案人员与案件有利害关系的,应当自行回避;没有回避的,当事人可以申请其回避。办案人员的回避,由本部门负责人批准。负责人的回避,由本级人民政府批准。

第十五条 执法人员在执法过程中,发现违法行为正在实施,情况紧急来不及立案的,可以采取下列措施:

(一)对违法行为予以制止或者纠正；

(二)对涉嫌侵权制品、安装存储涉嫌侵权制品的设备和主要用于违法行为的材料、工具、设备等依法先行登记保存；

(三)收集、调取其他有关证据。

执法人员应当及时将有关情况和材料报所在著作权行政管理部门，并于发现情况之日起七日内办理立案手续。

第十六条 立案后，办案人员应当及时进行调查，并要求法定举证责任人在著作权行政管理部门指定的期限内举证。

办案人员取证时可以采取下列手段收集、调取有关证据：

(一)查阅、复制与涉嫌违法行为有关的文件档案、账簿和其他书面材料；

(二)对涉嫌侵权制品进行抽样取证；

(三)对涉嫌侵权制品、安装存储涉嫌侵权制品的设备、涉嫌侵权的网站网页、涉嫌侵权的网站服务器和主要用于违法行为的材料、工具、设备等依法先行登记保存。

第十七条 办案人员在执法中应当向当事人或者有关人员出示由国家版权局或者地方人民政府制发的行政执法证件。

第十八条 办案时收集的证据包括：

(一)书证；

(二)物证；

(三)证人证言；

(四)视听资料；

(五)当事人陈述；

(六)鉴定结论；

(七)检查、勘验笔录。

第十九条 当事人提供的涉及著作权的底稿、原件、合法出版物、作品登记证书、著作权合同登记证书、认证机构出具的证明、取得权利的合同，以及当事人自行或者委托他人以定购、现场交易等方式购买侵权复制品而取得的实物、发票等，可以作为证据。

第二十条 办案人员抽样取证、先行登记保存有关证据，应当有当事人在场。对有关物品应当当场制作清单一式二份，由办案人员和当事人签名、盖章后，分别交由当事人和办案人员所在著作权行政管理部门保存。当事人不在场或者拒绝签名、盖章的，由现场两名以上办案人员注明情况。

第二十一条 办案人员先行登记保存有关证据，应当经本部门负责人批准，并向当事人交付证据先行登记保存通知书。当事人或者有关人员在证据保存期间不得转移、损毁有关证据。

先行登记保存的证据，应当加封著作权行政管理部门先行登记保存封条，由当事人就地保存。先行登记保存的证据确需移至他处的，可以移至适当的场所保存。情况紧急来不及办理本条规定的手续时，办案人员可以先行采取措施，事后及时补办手续。

第二十二条 对先行登记保存的证据，应当在交付证据先行登记保存通知书后七日内作出下列处理决定：

（一）需要鉴定的，送交鉴定；

（二）违法事实成立，应当予以没收的，依照法定程序予以没收；

（三）应当移送有关部门处理的，将案件连同证据移送有关部门处理；

（四）违法事实不成立，或者依法不应予以没收的，解除登记保存措施；

(五)其他有关法定措施。

第二十三条 著作权行政管理部门在查处案件过程中,委托其他著作权行政管理部门代为调查的,须出具委托书。受委托的著作权行政管理部门应当积极予以协助。

第二十四条 对查处案件中的专业性问题,著作权行政管理部门可以委托专门机构或者聘请专业人员进行鉴定。

第二十五条 调查终结后,办案人员应当提交案件调查报告,说明有关行为是否违法,提出处理意见及有关事实、理由和依据,并附上全部证据材料。

第二十六条 著作权行政管理部门拟作出行政处罚决定的,应当由本部门负责人签发行政处罚事先告知书,告知当事人拟作出行政处罚决定的事实、理由和依据,并告知当事人依法享有的陈述权、申辩权和其他权利。

行政处罚事先告知书应当由著作权行政管理部门直接送达当事人,当事人应当在送达回执上签名、盖章。当事人拒绝签收的,由送达人员注明情况,把送达文书留在受送达人住所,并报告本部门负责人。著作权行政管理部门也可以采取邮寄送达方式告知当事人。无法找到当事人时,可以以公告形式告知。

第二十七条 当事人要求陈述、申辩的,应当在被告知后七日内,或者自发布公告之日起三十日内,向著作权行政管理部门提出陈述、申辩意见以及相应的事实、理由和证据。当事人在此期间未行使陈述权、申辩权的,视为放弃权利。

采取直接送达方式告知的,以当事人签收之日为被告知日期;采取邮寄送达方式告知的,以回执上注明的收件日期为被告知日期。

第二十八条　办案人员应当充分听取当事人的陈述、申辩意见，对当事人提出的事实、理由和证据进行复核，并提交复核报告。

著作权行政管理部门不得因当事人申辩加重处罚。

第二十九条　著作权行政管理部门负责人应当对案件调查报告及复核报告进行审查，并根据审查结果分别作出下列处理决定：

（一）确属应当予以行政处罚的违法行为的，根据侵权人的过错程度、侵权时间长短、侵权范围大小及损害后果等情节，予以行政处罚；

（二）违法行为轻微并及时纠正，没有造成危害后果的，不予行政处罚；

（三）违法事实不成立的，不予行政处罚；

（四）违法行为涉嫌构成犯罪的，移送司法部门处理。

对情节复杂或者重大的违法行为给予较重的行政处罚，由著作权行政管理部门负责人集体讨论决定。

第三十条　著作权行政管理部门作出罚款决定时，罚款数额应当依照《中华人民共和国著作权法实施条例》第三十六条、《计算机软件保护条例》第二十四条的规定和《信息网络传播权保护条例》第十八条、第十九条的规定确定。

第三十一条　违法行为情节严重的，著作权行政管理部门可以没收主要用于制作侵权制品的材料、工具、设备等。

具有下列情形之一的，属于前款所称"情节严重"：

（一）违法所得数额（即获利数额）二千五百元以上的；

（二）非法经营数额在一万五千元以上的；

（三）经营侵权制品在二百五十册（张或份）以上的；

（四）因侵犯著作权曾经被追究法律责任，又侵犯著作权的；

（五）造成其他重大影响或者严重后果的。

第三十二条 对当事人的同一违法行为，其他行政机关已经予以罚款的，著作权行政管理部门不得再予罚款，但仍可以视具体情况予以本办法第四条所规定的其他种类的行政处罚。

第三十三条 著作权行政管理部门作出较大数额罚款决定或者法律、行政法规规定应当听证的其他行政处罚决定前，应当告知当事人有要求举行听证的权利。

前款所称"较大数额罚款"，是指对个人处以两万元以上、对单位处以十万元以上的罚款。地方性法规、规章对听证要求另有规定的，依照地方性法规、规章办理。

第三十四条 当事人要求听证的，著作权行政管理部门应当依照行政处罚法第四十二条规定的程序组织听证。当事人不承担组织听证的费用。

第三十五条 著作权行政管理部门决定予以行政处罚的，应当制作行政处罚决定书。

著作权行政管理部门认为违法行为轻微，决定不予行政处罚的，应当制作不予行政处罚通知书，说明不予行政处罚的事实、理由和依据，并送达当事人；违法事实不成立的，应当制作调查结果通知书，并送达当事人。

著作权行政管理部门决定移送司法部门处理的案件，应当制作涉嫌犯罪案件移送书，并连同有关材料和证据及时移送有管辖权的司法部门。

第三十六条 行政处罚决定书应当由著作权行政管理部门在宣告后当场交付当事人。当事人不在场的，应当在七日内送达当事人。

第三十七条　当事人对国家版权局的行政处罚不服的,可以向国家版权局申请行政复议;当事人对地方著作权行政管理部门的行政处罚不服的,可以向该部门的本级人民政府或者其上一级著作权行政管理部门申请行政复议。

当事人对行政处罚或者行政复议决定不服的,可以依法提起行政诉讼。

第四章　执 行 程 序

第三十八条　当事人收到行政处罚决定书后,应当在行政处罚决定书规定的期限内予以履行。

当事人申请行政复议或者提起行政诉讼的,行政处罚不停止执行。法律另有规定的除外。

第三十九条　没收的侵权制品应当销毁,或者经被侵权人同意后以其他适当方式处理。

销毁侵权制品时,著作权行政管理部门应当指派两名以上执法人员监督销毁过程,核查销毁结果,并制作销毁记录。

对没收的主要用于制作侵权制品的材料、工具、设备等,著作权行政管理部门应当依法公开拍卖或者依照国家有关规定处理。

第四十条　上级著作权行政管理部门作出的行政处罚决定,可以委托下级著作权行政管理部门代为执行。代为执行的下级著作权行政管理部门,应当将执行结果报告该上级著作权行政管理部门。

第五章　附　　则

第四十一条　本办法所称的侵权制品包括侵权复制品和假冒他人署名的作品。

第四十二条　著作权行政管理部门应当按照国家统计法规建立著作权行政处罚统计制度，每年向上一级著作权行政管理部门提交著作权行政处罚统计报告。

第四十三条　行政处罚决定或者复议决定执行完毕后，著作权行政管理部门应当及时将案件材料立卷归档。

立卷归档的材料主要包括：行政处罚决定书、立案审批表、案件调查报告、复核报告、复议决定书、听证笔录、听证报告、证据材料、财物处理单据以及其他有关材料。

第四十四条　本办法涉及的有关法律文书，应当参照国家版权局确定的有关文书格式制作。

第四十五条　本办法自 2009 年 6 月 15 日起施行。国家版权局 2003 年 9 月 1 日发布的《著作权行政处罚实施办法》同时废止，本办法施行前发布的其他有关规定与本办法相抵触的，依照本办法执行。

中华人民共和国国家版权局
中华人民共和国信息产业部令

第 5 号

《互联网著作权行政保护办法》现予公布,自 2005 年 5 月 30 日起施行。

国家版权局局长　石宗源
信息产业部部长　王旭东
二〇〇五年四月二十九日

互联网著作权行政保护办法

第一条 为了加强互联网信息服务活动中信息网络传播权的行政保护,规范行政执法行为,根据《中华人民共和国著作权法》及有关法律、行政法规,制定本办法。

第二条 本办法适用于互联网信息服务活动中根据互联网内容提供者的指令,通过互联网自动提供作品、录音录像制品等内容的上载、存储、链接或搜索等功能,且对存储或传输的内容不进行任何编辑、修改或选择的行为。

互联网信息服务活动中直接提供互联网内容的行为,适用著作权法。

本办法所称"互联网内容提供者"是指在互联网上发布相关内容的上网用户。

第三条 各级著作权行政管理部门依照法律、行政法规和本办法对互联网信息服务活动中的信息网络传播权实施行政保护。国务院信息产业主管部门和各省、自治区、直辖市电信管理机构依法配合相关工作。

第四条 著作权行政管理部门对侵犯互联网信息服务活动中的信息网络传播权的行为实施行政处罚,适用《著作权行政处罚实施办法》。

侵犯互联网信息服务活动中的信息网络传播权的行为由侵权行为实施地的著作权行政管理部门管辖。侵权行为实施地包括提供本办法第二条所列的互联网信息服务活动的服务器等设备所在地。

第五条 著作权人发现互联网传播的内容侵犯其著作权,向互联网信息服务提供者或者其委托的其他机构(以下统称"互联网信息服务提供者")发出通知后,互联网信息服务提供者应当立即采取措施移除相关内容,并保留著作权人的通知6个月。

第六条 互联网信息服务提供者收到著作权人的通知后,应当记录提供的信息内容及其发布的时间、互联网地址或者域名。互联网接入服务提供者应当记录互联网内容提供者的接入时间、用户帐号、互联网地址或者域名、主叫电话号码等信息。

前款所称记录应当保存60日,并在著作权行政管理部门查询时予以提供。

第七条 互联网信息服务提供者根据著作权人的通知移除相关内容后,互联网内容提供者可以向互联网信息服务提供者和著作权人一并发出说明被移除内容不侵犯著作权的反通知。反通知发出后,互联网信息服务提供者即可恢复被移除的内容,且对该恢复行为不承担行政法律责任。

第八条 著作权人的通知应当包含以下内容:

(一)涉嫌侵权内容所侵犯的著作权权属证明;

(二)明确的身份证明、住址、联系方式;

(三)涉嫌侵权内容在信息网络上的位置;

(四)侵犯著作权的相关证据;

(五)通知内容的真实性声明。

第九条 互联网内容提供者的反通知应当包含以下内容：

（一）明确的身份证明、住址、联系方式；

（二）被移除内容的合法性证明；

（三）被移除内容在互联网上的位置；

（四）反通知内容的真实性声明。

第十条 著作权人的通知和互联网内容提供者的反通知应当采取书面形式。

著作权人的通知和互联网内容提供者的反通知不具备本办法第八条、第九条所规定内容的，视为未发出。

第十一条 互联网信息服务提供者明知互联网内容提供者通过互联网实施侵犯他人著作权的行为，或者虽不明知，但接到著作权人通知后未采取措施移除相关内容，同时损害社会公共利益的，著作权行政管理部门可以根据《中华人民共和国著作权法》第四十七条的规定责令停止侵权行为，并给予下列行政处罚：

（一）没收违法所得；

（二）处以非法经营额3倍以下的罚款；非法经营额难以计算的，可以处10万元以下的罚款。

第十二条 没有证据表明互联网信息服务提供者明知侵权事实存在的，或者互联网信息服务提供者接到著作权人通知后，采取措施移除相关内容的，不承担行政法律责任。

第十三条 著作权行政管理部门在查处侵犯互联网信息服务活动中的信息网络传播权案件时，可以按照《著作权行政处罚实施办法》第十二条规定要求著作权人提交必备材料，以及向互联网信息服务提供者发出的通知和该互联网信息服务提供者未采取措施移除相关内容的证明。

第十四条 互联网信息服务提供者有本办法第十一条规定的情形,且经著作权行政管理部门依法认定专门从事盗版活动,或有其他严重情节的,国务院信息产业主管部门或者省、自治区、直辖市电信管理机构依据相关法律、行政法规的规定处理;互联网接入服务提供者应当依据国务院信息产业主管部门或者省、自治区、直辖市电信管理机构的通知,配合实施相应的处理措施。

第十五条 互联网信息服务提供者未履行本办法第六条规定的义务,由国务院信息产业主管部门或者省、自治区、直辖市电信管理机构予以警告,可以并处三万元以下罚款。

第十六条 著作权行政管理部门在查处侵犯互联网信息服务活动中的信息网络传播权案件过程中,发现互联网信息服务提供者的行为涉嫌构成犯罪的,应当依照国务院《行政执法机关移送涉嫌犯罪案件的规定》将案件移送司法部门,依法追究刑事责任。

第十七条 表演者、录音录像制作者等与著作权有关的权利人通过互联网向公众传播其表演或者录音录像制品的权利的行政保护适用本办法。

第十八条 本办法由国家版权局和信息产业部负责解释。

第十九条 本办法自 2005 年 5 月 30 日起施行。

商务部、国家工商行政管理总局、国家版权局、国家知识产权局令

2006年第1号

《展会知识产权保护办法》已经商务部、国家工商总局、国家版权局、国家知识产权局审议通过,现予公布,自二〇〇六年三月一日起施行。

部　长　薄熙来

局　长　王众孚

局　长　龙新民

局　长　田力普

二〇〇六年一月十日

展会知识产权保护办法

第一章 总　　则

第一条 为加强展会期间知识产权保护，维护会展业秩序，推动会展业的健康发展，根据《中华人民共和国对外贸易法》、《中华人民共和国专利法》、《中华人民共和国商标法》和《中华人民共和国著作权法》及相关行政法规等制定本办法。

第二条 本办法适用于在中华人民共和国境内举办的各类经济技术贸易展览会、展销会、博览会、交易会、展示会等活动中有关专利、商标、版权的保护。

第三条 展会管理部门应加强对展会期间知识产权保护的协调、监督、检查，维护展会的正常交易秩序。

第四条 展会主办方应当依法维护知识产权权利人的合法权益。展会主办方在招商招展时，应加强对参展方有关知识产权的保护和对参展项目（包括展品、展板及相关宣传资料等）的知识产权状况的审查。在展会期间，展会主办方应当积极配合知识产权行政管理部门的知识产权保护工作。

展会主办方可通过与参展方签订参展期间知识产权保护条款或合同的形式，加强展会知识产权保护工作。

第五条 参展方应当合法参展,不得侵犯他人知识产权,并应对知识产权行政管理部门或司法部门的调查予以配合。

第二章 投诉处理

第六条 展会时间在三天以上(含三天),展会管理部门认为有必要的,展会主办方应在展会期间设立知识产权投诉机构。设立投诉机构的,展会举办地知识产权行政管理部门应当派员进驻,并依法对侵权案件进行处理。

未设立投诉机构的,展会举办地知识产权行政管理部门应当加强对展会知识产权保护的指导、监督和有关案件的处理,展会主办方应当将展会举办地的相关知识产权行政管理部门的联系人、联系方式等在展会场馆的显著位置予以公示。

第七条 展会知识产权投诉机构应由展会主办方、展会管理部门、专利、商标、版权等知识产权行政管理部门的人员组成,其职责包括:

(一)接受知识产权权利人的投诉,暂停涉嫌侵犯知识产权的展品在展会期间展出;

(二)将有关投诉材料移交相关知识产权行政管理部门;

(三)协调和督促投诉的处理;

(四)对展会知识产权保护信息进行统计和分析;

(五)其他相关事项。

第八条 知识产权权利人可以向展会知识产权投诉机构投诉,也可直接向知识产权行政管理部门投诉。权利人向投诉机构投诉的,应当提交以下材料:

(一)合法有效的知识产权权属证明:涉及专利的,应当提交专利证书、专利公告文本、专利权人的身份证明、专利法律状态证明;涉及商标的,应当提交商标注册证明文件,并由投诉人签章确认,商标权利人身份证明;涉及著作权的,应当提交著作权权利证明、著作权人身份证明;

(二)涉嫌侵权当事人的基本信息;

(三)涉嫌侵权的理由和证据;

(四)委托代理人投诉的,应提交授权委托书。

第九条 不符合本办法第八条规定的,展会知识产权投诉机构应当及时通知投诉人或者请求人补充有关材料。未予补充的,不予接受。

第十条 投诉人提交虚假投诉材料或其他因投诉不实给被投诉人带来损失的,应当承担相应法律责任。

第十一条 展会知识产权投诉机构在收到符合本办法第八条规定的投诉材料后,应于24小时内将其移交有关知识产权行政管理部门。

第十二条 地方知识产权行政管理部门受理投诉或者处理请求的,应当通知展会主办方,并及时通知被投诉人或者被请求人。

第十三条 在处理侵犯知识产权的投诉或者请求程序中,地方知识产权行政管理部门可以根据展会的展期指定被投诉人或者被请求人的答辩期限。

第十四条 被投诉人或者被请求人提交答辩书后,除非有必要作进一步调查,地方知识产权行政管理部门应当及时作出决定并送交双方当事人。

被投诉人或者被请求人逾期未提交答辩书的,不影响地方知识产权行政管理部门作出决定。

第十五条 展会结束后,相关知识产权行政管理部门应当及时将有关处理结果通告展会主办方。展会主办方应当做好展会知识产权保护的统计分析工作,并将有关情况及时报展会管理部门。

第三章 展会期间专利保护

第十六条 展会投诉机构需要地方知识产权局协助的,地方知识产权局应当积极配合,参与展会知识产权保护工作。地方知识产权局在展会期间的工作可以包括:

(一)接受展会投诉机构移交的关于涉嫌侵犯专利权的投诉,依照专利法律法规的有关规定进行处理;

(二)受理展出项目涉嫌侵犯专利权的专利侵权纠纷处理请求,依照专利法第五十七条的规定进行处理;

(三)受理展出项目涉嫌假冒他人专利和冒充专利的举报,或者依职权查处展出项目中假冒他人专利和冒充专利的行为,依据专利法第五十八条和第五十九条的规定进行处罚。

第十七条 有下列情形之一的,地方知识产权局对侵犯专利权的投诉或者处理请求不予受理:

(一)投诉人或者请求人已经向人民法院提起专利侵权诉讼的;

(二)专利权正处于无效宣告请求程序之中的;

(三)专利权存在权属纠纷,正处于人民法院的审理程序或者管理专利工作的部门的调解程序之中的;

(四)专利权已经终止,专利权人正在办理权利恢复的。

第十八条　地方知识产权局在通知被投诉人或者被请求人时,可以即行调查取证,查阅、复制与案件有关的文件,询问当事人,采用拍照、摄像等方式进行现场勘验,也可以抽样取证。

地方知识产权局收集证据应当制作笔录,由承办人员、被调查取证的当事人签名盖章。被调查取证的当事人拒绝签名盖章的,应当在笔录上注明原因;有其他人在现场的,也可同时由其他人签名。

第四章　展会期间商标保护

第十九条　展会投诉机构需要地方工商行政管理部门协助的,地方工商行政管理部门应当积极配合,参与展会知识产权保护工作。地方工商行政管理部门在展会期间的工作可以包括:

(一)接受展会投诉机构移交的关于涉嫌侵犯商标权的投诉,依照商标法律法规的有关规定进行处理;

(二)受理符合商标法第五十二条规定的侵犯商标专用权的投诉;

(三)依职权查处商标违法案件。

第二十条　有下列情形之一的,地方工商行政管理部门对侵犯商标专用权的投诉或者处理请求不予受理:

(一)投诉人或者请求人已经向人民法院提起商标侵权诉讼的;

(二)商标权已经无效或者被撤销的。

第二十一条　地方工商行政管理部门决定受理后,可以根据商标法律法规等相关规定进行调查和处理。

第五章　展会期间著作权保护

第二十二条　展会投诉机构需要地方著作权行政管理部门协助的，地方著作权行政管理部门应当积极配合，参与展会知识产权保护工作。地方著作权行政管理部门在展会期间的工作可以包括：

（一）接受展会投诉机构移交的关于涉嫌侵犯著作权的投诉，依照著作权法律法规的有关规定进行处理；

（二）受理符合著作权法第四十七条规定的侵犯著作权的投诉，根据著作权法的有关规定进行处罚。

第二十三条　地方著作权行政管理部门在受理投诉或请求后，可以采取以下手段收集证据：

（一）查阅、复制与涉嫌侵权行为有关的文件档案、帐簿和其他书面材料；

（二）对涉嫌侵权复制品进行抽样取证；

（三）对涉嫌侵权复制品进行登记保存。

第六章　法　律　责　任

第二十四条　对涉嫌侵犯知识产权的投诉，地方知识产权行政管理部门认定侵权成立的，应会同会展管理部门依法对参展方进行处理。

第二十五条　对涉嫌侵犯发明或者实用新型专利权的处理请求，地方知识产权局认定侵权成立的，应当依据专利法第十一条第一款关于禁止许诺销售行为的规定以及专利法第五十七条关于责令侵权人立即停止侵权行为的规定作出处理决定,责令被请求人从展会上撤出侵权展品,销毁介绍侵权展品的宣传材料,更换介绍侵权项目的展板。

对涉嫌侵犯外观设计专利权的处理请求,被请求人在展会上销售其展品,地方知识产权局认定侵权成立的,应当依据专利法第十一条第二款关于禁止销售行为的规定以及第五十七条关于责令侵权人立即停止侵权行为的规定作出处理决定,责令被请求人从展会上撤出侵权展品。

第二十六条 在展会期间假冒他人专利或以非专利产品冒充专利产品,以非专利方法冒充专利方法的,地方知识产权局应当依据专利法第五十八条和第五十九条规定进行处罚。

第二十七条 对有关商标案件的处理请求,地方工商行政管理部门认定侵权成立的,应当根据《商标法》、《商标法实施条例》等相关规定进行处罚。

第二十八条 对侵犯著作权及相关权利的处理请求,地方著作权行政管理部门认定侵权成立的,应当根据著作权法第四十七条的规定进行处罚,没收、销毁侵权展品及介绍侵权展品的宣传材料,更换介绍展出项目的展板。

第二十九条 经调查,被投诉或者被请求的展出项目已经由人民法院或者知识产权行政管理部门作出判定侵权成立的判决或者决定并发生法律效力的,地方知识产权行政管理部门可以直接作出第二十六条、第二十七条、第二十八条和第二十九条所述的处理决定。

第三十条 请求人除请求制止被请求人的侵权展出行为之

外,还请求制止同一被请求人的其他侵犯知识产权行为的,地方知识产权行政管理部门对发生在其管辖地域之内的涉嫌侵权行为,可以依照相关知识产权法律法规以及规章的规定进行处理。

第三十一条 参展方侵权成立的,展会管理部门可依法对有关参展方予以公告;参展方连续两次以上侵权行为成立的,展会主办方应禁止有关参展方参加下一届展会。

第三十二条 主办方对展会知识产权保护不力的,展会管理部门应对主办方给予警告,并视情节依法对其再次举办相关展会的申请不予批准。

第七章 附 则

第三十三条 展会结束时案件尚未处理完毕的,案件的有关事实和证据可经展会主办方确认,由展会举办地知识产权行政管理部门在15个工作日内移交有管辖权的知识产权行政管理部门依法处理。

第三十四条 本办法中的知识产权行政管理部门是指专利、商标和版权行政管理部门;本办法中的展会管理部门是指展会的审批或者登记部门。

第三十五条 本办法自2006年3月1日起实施。

出版文字作品报酬规定

(国家版权局 1999 年 4 月 5 日颁布
自 1999 年 6 月 1 日起施行　国权[1999]8 号)

第一条　为保护文字作品作者的著作权,维护文字作品出版者的合法权益,促进文字作品的创作与传播,根据《中华人民共和国著作权法》,制定本规定。

第二条　本规定只适用以纸介质出版的文字作品。

第三条　除著作权人与出版者另有约定外,出版社、报刊社出版文字作品,应当按本规定向著作权人支付报酬。

第四条　支付报酬可以选择基本稿酬加印数稿酬,或版税,或一次性付酬的方式。

基本稿酬加印数稿酬,指出版者按作品的字数,以千字为单位向作者支付一定报酬(即基本稿酬),再根据图书的印数,以千册为单位按基本稿酬的一定比例向著作权人支付报酬(即印数稿酬)。作品重印时只付印数稿酬,不再付基本稿酬。

版税,指出版者以图书定价×发行数×版税率的方式向作者付酬。

一次性付酬,指出版者按作品的质量、篇幅、经济价值等情况计算出报酬,并一次向作者付清。

通过行政手段大量印刷发行的九年义务教育教材,国家规划教材、法律法规汇编、学习或考试指定用书等作品,不适用版税付酬方式。

报刊刊载作品只适用一次性付酬方式。

第五条 图书出版者出版作品,应在出版合同中与著作权人约定支付报酬的方式和标准。

第六条 基本稿酬标准

(一)原创作品:每千字 30~100 元

(二)演绎作品:

(1)改编:每千字 10~50 元

(2)汇编:每千字 3~10 元

(3)翻译:每千字 20~80 元

(4)注释:注释部分参照原创作品的标准执行。

出版者出版演绎作品,除合同另有约定或原作品已进入公有领域之外,出版者还应取得原作品著作权人的授权,并按原创作品基本稿酬标准向原作品的著作权人支付报酬。

第七条 支付基本稿酬以千字为单位,不足千字部分按千字计算。

支付报酬的字数按实有正文计算,即以排印的版面每行字数乘以全部实有的行数计算。末尾排不足一行或占行题目的,按一行计算。

诗词每 10 行作一千字计算。每一作品不足 10 行的按 10 行计算。

辞书类作品按双栏排版的版面折合的字数计算。

非汉字作品,一般情况按相同版面相同字号汉字数付酬标准的80%计酬。

报刊刊载作品,不足五百字的按千字作半计算;超过五百字不足千字的按千字计算。

第八条 印数稿酬标准和计算方法

每印一千册,按基本稿酬的一定比例支付。不足一千册的,按一千册计算。

原创作品和演绎作品均按基本稿酬的1%支付。

九年义务教育教材年累计印数超过10万册的,对超过部分按基本稿酬的0.2%支付;通过行政手段大量印刷发行的国家规划教材、法律法规汇编、学习或考试指定用书等作品,年累计超过10万册的,对超出部分按基本稿酬的0.3%支付。

第九条 版税标准和计算方法

版税率:

(一)原创作品:3%～10%

(二)演绎作品:1%～7%

出版者出版演绎作品,除合同另有约定或原作品已进入公有领域之外,出版者还应取得原作品著作权人的授权,并按原创作品版税标准向原作品的著作权人支付报酬。

第十条 一次性付酬标准

一次性付酬标准可参照本规定第六、第七条规定的标准和办法执行。

第十一条 采用基本稿酬加印数稿酬的付酬方式的,著作权人可以与出版者在合同中约定,在交付作品时由出版者预付总报酬的30%～50%。除非合同另有约定,作品一经出版,出版者应在六个月内付清全部报酬。作品重印的,应在重印后六个月内付清印数稿酬。

第十二条　采用版税方式付酬的,著作权人可与出版者在合同中约定,在交付作品时由出版者向著作权人预付最低保底发行数的版税。作品发行后出版者应于每年年终与著作权人结算一次版税。首次出版发行数不足千册的,按千册支付版税,但在下次结算版税时对已经支付版税部分不再重复支付。

第十三条　图书出版者出版作品,没有与著作权人签订书面合同,或签订了书面合同但没有约定付酬方式和标准,与著作权人发生争议的,应按本规定第六条或第九条规定的付酬标准的上限向著作权人支付报酬,并不得以出版物抵作报酬。

第十四条　出版社对其出版的作品,经著作权人授权许可他人在境外出版,除合同另有约定外,出版社应将所得全部报酬的60%支付给著作权人。

第十五条　出版者已与著作权人签订出版合同,由于非著作权人原因导致作品未能出版的,除合同另有约定外,出版者应按合同约定使用作品付酬标准的60%向著作权人支付违约金。

第十六条　作者主动向图书出版社投稿,出版社应在六个月内决定是否采用。满六个月,既不与作者签订合同、不予采用又不通知作者的,出版社应按第六条规定的同类作品付酬标准平均值的30%向作者支付经济补偿,并将书稿退还作者。

第十七条　报刊刊载作品,应在刊载后一个月内向著作权人支付报酬。

报刊刊载作品,未与著作权人约定付酬标准的,应按每千字不低于50元的付酬标准向著作权人支付报酬。

第十八条 报刊转载、摘编其他报刊已发表的作品,应按每千字 50 元的付酬标准向著作权人付酬。社会科学、自然科学纯理论学术性专业报刊,经国家版权局特别批准可适当下调付酬标准。

报刊转载、摘编其他报刊上已发表的作品,著作权人或著作权人地址不明的,应在一个月内将报酬寄送中国版权保护中心代为收转。到期不按规定寄送的,每迟付一月,加付应付报酬 5% 的滞付费。

第十九条 本规定第六条规定的基本稿酬标准为可变标准,国家版权局将根据国家公布的物价涨落指数和书价涨落情况,不定期作相应调整。

第二十条 作者自费出版的,不适用本规定。

第二十一条 出版社、报刊社可根据本规定,视具体情况制定实施本规定的付酬办法,并报国家版权局备案。

少数享受国家财政补贴或情况特殊的出版单位,经国家版权局特别批准,可适当下调付酬标准。

第二十二条 本规定由国家版权局负责解释。

第二十三条 本规定自 1999 年 6 月 1 日起施行。本规定施行前的有关出版文字作品报酬规定同时废止。

作品自愿登记试行办法

(国家版权局 1994 年 12 月 31 日颁布
自 1995 年 1 月 1 日起生效　国权[94]78 号)

第一条　为维护作者或其他著作权人和作品使用者的合法权益,有助于解决因著作权归属造成的著作权纠纷,并为解决著作权纠纷提供初步证据,特制定本办法。

第二条　作品实行自愿登记。作品不论是否登记,作者或其他著作权人依法取得的著作权不受影响。

第三条　各省、自治区、直辖市版权局负责本辖区的作者或其他著作权人的作品登记工作。国家版权局负责外国以及台湾、香港和澳门地区的作者和其他著作权人的作品登记工作。

第四条　作品登记申请者应当是作者、其他享有著作权的公民、法人或者非法人单位和专有权所有人及其代理人。

第五条　属于下列情况之一的作品,作品登记机关不予登记:

1. 不受著作权法保护的作品;

2. 超过著作权保护期的作品;

3. 依法禁止出版、传播的作品。

第六条　有下列情况的,作品登记机关应撤销其登记:

1. 登记后发现有本办法第五条所规定的情况的;
2. 登记后发现与事实不相符的;
3. 申请人申请撤销原作品登记的;
4. 登记后发现是重复登记的。

第七条 作者或其他享有著作权的公民的所属辖区,原则上以其身份证上住址所在地的所属辖区为准。合作作者及有多个著作权人情况的,以受托登记者所属辖区为准。法人或者非法人单位所属辖区以其营业场所所在地所属辖区为准。

第八条 作者或其他著作权人申请作品登记应出示身份证明或提供表明作品权利归属的证明(如:封面及版权页的复印件、部分手稿的复印件及照片、样本等),填写作品登记表,并交纳登记费。其他著作权人申请作品登记还应出示表明著作权人身份的证明(如继承人应出示继承人身份证明;委托作品的委托人应出示委托合同)。专有权所有人应出示证明其享有专有权的合同。

第九条 登记作品经作品登记机关核查后,由作品登记机关发给作品登记证。作品登记证按本办法所附样本由登记机关制作。登记机关的核查期限为一个月,该期限自登记机关收到申请人提交的所有申请登记的材料之日起计算。

第十条 作品登记表和作品登记证应载有作品登记号。作品登记号格式为作登字:(地区编号)-(年代)-(作品分类号)-(顺序号)号。国家版权局负责登记的作品登记号不含地区编号。

第十一条 各省、自治区、直辖市版权局应每月将本地区作品登记情况报国家版权局。

第十二条 作品登记应实行计算机数据库管理,并对公众开放。查阅作品应填写查阅登记表,交纳查阅费。

第十三条　有关作品登记和查阅的费用标准另行制定。

第十四条　录音、录像制品的登记参照本办法执行。

第十五条　计算机软件的登记按《计算机软件著作权登记办法》执行。

第十六条　本办法由国家版权局负责解释。

第十七条　本办法自一九九五年一月一日起生效。

中华人民共和国国家版权局令

第 1 号

现发布《计算机软件著作权登记办法》,自发布之日起施行。

局　长　石宗源

二〇〇二年二月二十日

计算机软件著作权登记办法

第一章 总 则

第一条 为贯彻《计算机软件保护条例》(以下简称《条例》)制定本办法。

第二条 为促进我国软件产业发展,增强我国信息产业的创新能力和竞争能力,国家著作权行政管理部门鼓励软件登记,并对登记的软件予以重点保护。

第三条 本办法适用于软件著作权登记、软件著作权专有许可合同和转让合同登记。

第四条 软件著作权登记申请人应当是该软件的著作权人以及通过继承、受让或者承受软件著作权的自然人、法人或者其他组织。

软件著作权合同登记的申请人,应当是软件著作权专有许可合同或者转让合同的当事人。

第五条 申请人或者申请人之一为外国人、无国籍人的,适用本办法。

第六条 国家版权局主管全国软件著作权登记管理工作。

国家版权局认定中国版权保护中心为软件登记机构。

经国家版权局批准,中国版权保护中心可以在地方设立软件登记办事机构。

第二章 登 记 申 请

第七条 申请登记的软件应是独立开发的,或者经原著作权人许可对原有软件修改后形成的在功能或者性能方面有重要改进的软件。

第八条 合作开发的软件进行著作权登记的,可以由全体著作权人协商确定一名著作权人作为代表办理。著作权人协商不一致的,任何著作权人均可在不损害其他著作权人利益的前提下申请登记,但应当注明其他著作权人。

第九条 申请软件著作权登记的,应当向中国版权保护中心提交以下材料:

(一)按要求填写的软件著作权登记申请表;

(二)软件的鉴别材料;

(三)相关的证明文件。

第十条 软件的鉴别材料包括程序和文档的鉴别材料。

程序和文档的鉴别材料应当由源程序和任何一种文档前、后各连续30页组成。整个程序和文档不到60页的,应当提交整个源程序和文档。除特定情况外,程序每页不少于50行,文档每页不少于30行。

第十一条 申请软件著作权登记的,应当提交以下主要证明文件:

(一)自然人、法人或者其他组织的身份证明;

(二)有著作权归属书面合同或者项目任务书的,应当提交合同或者项目任务书;

(三)经原软件著作权人许可,在原有软件上开发的软件,应当提交原著作权人的许可证明;

(四)权利继承人、受让人或者承受人,提交权利继承、受让或者承受的证明。

第十二条 申请软件著作权登记的,可以选择以下方式之一对鉴别材料作例外交存:

(一)源程序的前、后各连续的 30 页,其中的机密部分用黑色宽斜线覆盖,但覆盖部分不得超过交存源程序的 50%;

(二)源程序连续的前 10 页,加上源程序的任何部分的连续的 50 页;

(三)目标程序的前、后各连续的 30 页,加上源程序的任何部分的连续的 20 页。

文档作例外交存的,参照前款规定处理。

第十三条 软件著作权登记时,申请人可以申请将源程序、文档或者样品进行封存。除申请人或者司法机关外,任何人不得启封。

第十四条 软件著作权转让合同或者专有许可合同当事人可以向中国版权保护中心申请合同登记。申请合同登记时,应当提交以下材料:

(一)按要求填写的合同登记表;

(二)合同复印件;

(三)申请人身份证明。

第十五条 申请人在登记申请批准之前,可以随时请求撤回申请。

  第十六条 软件著作权登记人或者合同登记人可以对已经登记的事项作变更或者补充。申请登记变更或者补充时，申请人应当提交以下材料：

  （一）按照要求填写的变更或者补充申请表；

  （二）登记证书或者证明的复印件；

  （三）有关变更或者补充的材料。

  第十七条 登记申请应当使用中国版权保护中心制定的统一表格，并由申请人盖章（签名）。

  申请表格应当使用中文填写。提交的各种证件和证明文件是外文的，应当附中文译本。

  申请登记的文件应当使用国际标准 A4 型 297mm×210mm（长×宽）纸张。

  第十八条 申请文件可以直接递交或者挂号邮寄。申请人提交有关申请文件时，应当注明申请人、软件的名称，有受理号或登记号的，应当注明受理号或登记号。

第三章　审查和批准

  第十九条 对于本办法第九条和第十四条所指的申请，以收到符合本办法第二章规定的材料之日为受理日，并书面通知申请人。

  第二十条 中国版权保护中心应当自受理日起 60 日内审查完成所受理的申请，申请符合《条例》和本办法规定的，予以登记，发给相应的登记证书，并予以公告。

第二十一条 有下列情况之一的,不予登记并书面通知申请人:

(一)表格内容填写不完整、不规范,且未在指定期限内补正的;

(二)提交的鉴别材料不是《条例》规定的软件程序和文档的;

(三)申请文件中出现的软件名称、权利人署名不一致,且未提交证明文件的;

(四)申请登记的软件存在权属争议的。

第二十二条 中国版权保护中心要求申请人补正其他登记材料的,申请人应当在30日内补正,逾期未补正的,视为撤回申请。

第二十三条 国家版权局根据下列情况之一,可以撤销登记:

(一)最终的司法判决;

(二)著作权行政管理部门作出的行政处罚决定。

第二十四条 中国版权保护中心可以根据申请人的申请,撤销登记。

第二十五条 登记证书遗失或损坏的,可申请补发或换发。

第四章 软件登记公告

第二十六条 除本办法另有规定外,任何人均可查阅软件登记公告以及可公开的有关登记文件。

第二十七条 软件登记公告的内容如下:

(一)软件著作权的登记;

(二)软件著作权合同登记事项;

(三)软件登记的撤销;

(四)其他事项。

第五章 费 用

第二十八条 申请软件登记或者办理其他事项,应当交纳下列费用:

(一)软件著作权登记费;

(二)软件著作权合同登记费;

(三)变更或补充登记费;

(四)登记证书费;

(五)封存保管费;

(六)例外交存费;

(七)查询费;

(八)撤销登记申请费;

(九)其他需交纳的费用。

具体收费标准由国家版权局会同国务院价格主管部门规定并公布。

第二十九条 申请人自动撤回申请或者登记机关不予登记的,所交费用不予退回。

第三十条 本办法第二十八条规定的各种费用,可以通过邮局或银行汇付,也可以直接向中国版权保护中心交纳。

第六章 附 则

第三十一条 本办法规定的、中国版权保护中心指定的各种期限,第一日不计算在内。期限以年或者月计算的,以最后一个月的相应日为届满日;该月无相应日的,以该月的最后一日为届满日。届满日是法定节假日的,以节假日后的第一个工作日为届满日。

第三十二条 申请人向中国版权保护中心邮寄的各种文件,以寄出的邮戳日为递交日。信封上寄出的邮戳日不清晰的,除申请人提出证明外,以收到日为递交日。中国版权保护中心邮寄的各种文件,送达地是省会、自治区首府及直辖市的,自文件发出之日满十五日,其他地区满二十一日,推定为收件人收到文件之日。

第三十三条 申请人因不可抗力或其他正当理由,延误了本办法规定或者中国版权保护中心指定的期限,在障碍消除后三十日内,可以请求顺延期限。

第三十四条 本办法由国家版权局负责解释和补充修订。

第三十五条 本办法自发布之日起实施。

中华人民共和国国家版权局令

第1号

现发布《著作权质押合同登记办法》,自发布之日起施行。

局　长　于友先

一九九六年九月二十三日

著作权质押合同登记办法

第一条　根据《中华人民共和国担保法》有关著作权质押合同登记的规定,制定本办法。

第二条　本办法所称著作权质押是指债务人或者第三人依法将其著作权中的财产权出质,将该财产权作为债权的担保。债务人不履行债务时,债权人有权依法以该财产权折价或者以拍卖、变卖该财产权的价款优先受偿。

前款规定的债务人或者第三人为出质人,债权人为质权人。

第三条　以著作权中的财产权出质的,出质人与质权人应当订立书面合同,并到登记机关进行登记。著作权质押合同自《著作权质押合同登记证》颁发之日起生效。

第四条　国家版权局是著作权质押合同登记的管理机关。国家版权局指定专门机构进行著作权质押合同登记。

第五条　著作权质押合同的登记,应由出质人与质权人共同到登记机关申请办理。但出质人或质权人中任何一方持对方委托书亦可申请办理。

第六条　著作权出质人必须是合法著作权所有人。著作权为两人以上共有的,出质人为全体著作权人。

中国公民、法人或非法人单位向外国人出质计算机软件著作权中的财产权,必须经国务院有关主管部门批准。

第七条 当事人申请著作权质押合同登记时,应当向登记机关提供下列文件:

(一)按要求填写的著作权质押合同申请表;

(二)出质人、质权人合法身份证明或法人注册登记证明;

(三)主合同及著作权质押合同;

(四)作品权利证明;

(五)以共同著作权出质的,共同著作权人的书面协议;

(六)向外国人质押计算机软件著作权中的财产权的,国务院有关主管部门的批准文件;

(七)授权委托书及被委托人合法身份证明;

(八)著作权出质前该著作权的授权使用情况证明文件;

(九)其他需要提供的材料。

第八条 著作权质押合同应当包括以下内容:

(一)当事人的姓名(或者名称)及住址;

(二)被担保的主债权种类、数额;

(三)债务人履行债务的期限;

(四)出质著作权的种类、范围、保护期;

(五)质押担保的范围;

(六)质押担保的期限;

(七)质押的金额及支付方式;

(八)当事人约定的其他事项。

第九条 登记机关应当在收到申请人齐备的申请文件之日起10个工作日内完成对申请文件的审查。经审查符合规定的质押合同,登记机关予以登记,并颁发《著作权质押合同登记证》。登记机关在颁发《著作权质押合同登记证》的同时,将登记情况编入著作权质押合同登记文献,供公众查阅。

第十条 有下列情形之一的,登记机关不予登记:

(一)著作权质押合同内容需要补正,申请人拒绝补正或补正不合格的;

(二)出质人不是著作权人的;

(三)质押合同涉及的作品不受保护或者保护期已经届满的;

(四)著作权归属有争议的;

(五)质押合同中约定在债务履行期届满质权人未受清偿时,出质的著作权中的财产权转移为质权人所有的;

(六)申请人拒绝交纳登记费的。

第十一条 有下列情形之一的,登记机关将撤销登记:

(一)登记后发现有第十条(二)至(四)所列情况之一的;

(二)质押合同因其担保之主合同被确认无效而无效的。

第十二条 质押合同担保之主债权的种类、数额等发生变更或质权的种类、范围、担保期限发生变更的,质押合同当事人应于变更之日起10日内持变更协议、《著作权质押合同登记证》及其他有关文件向原登记机关办理著作权质押合同变更登记。逾期未办理变更登记的,变更后的质押合同无效。

第十三条 当事人提前终止著作权质押合同的,应当持合同终止协议、《著作权质押合同登记证》及其他有关文件向原登记机关办理著作权质押合同注销登记。

第十四条 在质押担保期限内质押合同履行完毕的,当事人应在质押期限届满之日起10日内持合同履行完毕的有效证明文件及《著作权质押合同登记证》到原登记机关办理著作权质押合同注销登记。

第十五条 著作权质押合同登记被撤销、注销的,发给著作权质押合同撤销、注销通知书。

登记机关办理著作权质押合同登记之撤销、变更、注销登记,应当同时在著作权质押合同登记文献中注明。

第十六条 登记机关办理著作权质押合同登记及著作权质押合同变更登记,收取登记费。登记费收取标准,由国家版权局统一制订。

第十七条 登记机关使用的《著作权质押合同登记证》、著作权质押合同登记申请表、著作权质押合同变更登记申请表、著作权质押合同撤销、注销通知书由国家版权局统一制订。

第十八条 本办法由国家版权局负责解释。

第十九条 本办法自发布之日起施行。

国外著作权认证机构
在中国设立常驻代表机构管理办法

(国家版权局、国家工商行政管理局 1996 年 12 月 30 日发布　自 1996 年 12 月 30 日起实施　国权联[1996]35 号)

一、为了进一步加强对外著作权的保护,加强对国外著作权认证机构常驻中国代表机构的管理,根据中华人民共和国国务院《关于管理外国企业常驻代表机构的暂行规定》,制定本办法。

二、申请在中国设立常驻代表机构的国外著作权人及有关权利人的组织,必须是国家版权局已经指定的认证机构(以下称国外著作权认证机构)。

三、国外著作权认证机构申请在中国设立常驻代表机构,应当经国家版权局批准后,依据国务院《关于管理外国企业常驻代表机构的暂行规定》及国家工商行政管理局《关于外国企业常驻代表机构登记管理办法》,向国家工商行政管理局申请设立登记。

四、申请设立常驻代表机构,应当向国家版权局提交下列文件:

(一)由该认证机构主要负责人签署的申请书,内容包括常驻代表机构的名称、业务范围、代表姓名和驻在地址;

(二)由认证机构所在国或地区注册机关开具的登记证明及公证书;

(三)由认证机构主要负责人签署的委任代表的授权书或委托书原件及代表的身份证明和简历。

五、国外著作权认证机构应在国家版权局审批后1个月内,向国家工商行政管理局申请登记,并提交下列文件:

(一)向国家版权局提交的相关文件;

(二)国家版权局批准的文件;

(三)著作权认证机构所在国或地区金融机构出具的资信证明;

(四)常驻代表机构驻在地址的场所使用证明(仅限于使用涉外宾馆、饭店或写字楼);

(五)国家工商行政管理局要求提交的其他文件。

六、国家工商行政管理局受理申请后30日内作出核准或不予核准的决定。决定核准的,颁发《外国(地区)企业常驻代表机构登记证》。常驻代表机构领取登记证后,方可开展业务联络活动。

七、常驻代表机构一般在北京设立并派驻1名代表,机构人员不得超过5人,驻在期限为3年。

八、常驻代表机构只能从事与著作权认证有关的联络活动,不得从事其他业务活动。

九、常驻代表机构必须遵守中国的法律和法规,不得损害中国的社会公共利益。

十、常驻代表机构应当接受国家版权局和国家工商行政管理局的监督检查,并于每年3月1日前向国家版权局提交年度业务活动情况报告。如有与规定的业务范围不相符的活动,国家版权局给予警告、撤销常驻代表机构批准文件等处理;国家工商行政管理局依法给予警告、罚款和吊销常驻代表机构登记证等处理。

《外国(地区)企业常驻代表机构登记证》和《代表工作证》有效期为1年,届满前30日内应向原登记机关申请办理换证手续,并提交年度业务活动报告。

十一、常驻代表机构变更机构名称、业务范围、代表和驻在地址的,应当在发生变更或决定变更之日起30日内报国家版权局审批,并向国家工商行政管理局申请办理变更登记。

十二、常驻代表机构在期限届满需要延期的,应当在届满前60日内报国家版权局审批,并于驻在期限届满前30日内向国家工商行政管理局申请办理延期手续。

十三、常驻代表机构驻在期限届满或者提前终止业务活动,应当在终止业务活动前30日内书面通知国家版权局,并向国家工商行政管理局申请注销登记。

十四、本办法由国家版权局、国家工商行政管理局负责解释。

中华人民共和国国家版权局令

第 2 号

《国家版权局关于废止〈关于广播电视节目预告转载问题的意见〉等行政规章和规范性文件的决定》已经国家版权局局长办公会议通过,现予发布,于发布之日起施行。

局　长　石宗源

二〇〇二年五月八日

国家版权局关于废止《关于广播电视节目预告转载问题的意见》等行政规章和规范性文件的决定

国家版权局决定,废止下列行政规章和规范性文件:

1、《关于向台湾出版商转让版权注意事项的通知》(〔87〕权字第51号 1987年11月13日)

2、《关于广播电视节目预告转载问题的意见》(〔87〕权字第54号 1987年12月12日)

3、《国家版权局印发〈关于当前在对台文化交流中妥善处理版权问题的报告〉和〈关于出版台湾同胞作品版权问题的暂行规定〉的通知》)(〔88〕权字第8号 1988年2月8日)

4、《关于地方版权管理工作若干问题的意见》(〔88〕权字第26号 1988年5月)

5、《关于大陆与台、港、澳版权贸易合同审核办法的通知》(〔88〕权字第51号 1988年11月2日)

6、《关于版权纠纷处理工作的若干意见》(〔88〕权字第55号 1988年12月27日)

7、《关于当前报刊转载摘编已发表作品付酬标准的通知》(〔91〕权字第29号 1991年8月27日)

8、《关于执行中美知识产权谅解备忘录双边著作权保护条款的通知》(国权〔1992〕7号 1992年2月29日)

9、《关于颁发〈报刊转载、摘编法定许可付酬标准暂行规定〉等三个规定的通知》中的《演出法定许可付酬标准暂行规定》(国权〔1993〕41号 1993年8月1日)

本决定自公布之日起生效。

中华人民共和国国家版权局令

第 4 号

为促进政府职能转变,提高依法行政水平,保障著作权行政管理秩序,经 2003 年 7 月 16 日国家版权局第 2 次局务会议审议通过,决定废止一批规章及规范性文件,现予公布,自公布之日起生效。

国家版权局局长　石宗源

二〇〇三年十二月四日

废止的有关著作权管理的规章、规范性文件目录(1984年—1999年)

序号	发文机关	文件名称	文号及发文时间
1	文化部出版局	关于颁发《图书、期刊版权保护试行条例》的通知 附:图书、期刊版权保护试行条例	文出字(84)第849号 84-6-15
2	文化部出版局	文化部关于转发《书籍稿酬试行规定》的通知 附:文化部出版局关于试行《书籍稿酬试行规定》的报告 　　书籍稿酬试行规定	文出字(84)第1791号 84-10-19
3	文化部出版局	关于颁发《图书、期刊版权保护试行条例实施细则》和《图书约稿合同》、《图书出版合同》的通知 附:图书、期刊版权保护试行条例实施细则 　　图书约稿合同 　　图书出版合同	文出字(85)第37号 85-1-1

4	国家版权局	关于期刊一年专有出版权的说明	(86)权字第20号 86-4-11
5	国家版权局	关于内地出版港澳同胞作品版权问题的暂行规定	(86)权字第30号 86-5-24
6	国家版权局	关于清理港、澳、台作者稿酬的通知	(87)权字第52号 87-11-16
7	国家版权局	关于汇总使用港澳台同胞作品付酬情况的通知	(88)权字第22号 88-5-9
8	国家版权局	关于台、港、澳作者来大陆领取稿酬的有关问题的通知	(88)权字第33号 88-8-1
9	国家版权局	关于《图书、期刊版权保护试行条例》第十五条第四款的解释	(88)权字第56号 88-12-22
10	国家版权局	关于版权纠纷处理决定书规范化的通知	(88)权字第53号 88-12-27
11	文化部、国家版权局	关于今后解释《图书、期刊版权保护试行条例》的联合通知	(89)权字第2号 89-1-6
12	新闻出版署、国家版权局	关于征订台、港、澳作者的图书应出示合同审核登记号的通知	(89)新出联字第2号 89-2-17
13	新闻出版署、国家版权局	关于对擅自翻印由出版和版权管理机关协同处理的意见	(89)新出联字第705号 89-7-18
14	国家版权局	关于认真执行对台、港、澳版权贸易有关规定的通知	(90)权字第3号 90-2-2
15	国家版权局	关于版权贸易合同审核登记问题的补充规定	(90)权字第7号 90-5-14
16	国家版权局	关于适当提高书籍稿酬的通知 附：书籍稿酬暂行规定	(90)权字第11号 90-6-15
17	国家版权局办公室	关于下发对台、港、澳版权贸易示范《出版合同》的通知 附：《出版合同》	(90)权字15号 90-8-2

18	国家版权局	关于加强音像版权管理的通知 附:国家版权局"版权贸易合同审核登记证书"样本	(91)权字 16 号 91-7-2
19	国家版权局	关于维护出版社出版外国作品专有出版权的通知	(91)权字 34 号 91-11-29
20	国家版权局	关于颁发著作权许可使用合同标准样式的通知 附:《图书出版合同》(标准样式)	(92)权字第 4 号 92-1-24
21	国家版权局	关于《图书出版合同》(标准样式)基本稿酬加印数稿酬计算公式的订正	国权(1992)16 号 92-4-4
22	新闻出版署、国家版权局	关于认真做好报刊转摘作品付酬及收转工作的通知	新出联(1993)8 号 93-5-14
23	国家版权局	关于《对侵犯著作权行为行政处罚的实施办法》的通知 附:对侵犯著作权行为行政处罚的实施办法	国权(1994)47 号 94-6-23
24	国家版权局	关于印发《对侵犯著作权行为行政处罚的实施办法》的通知 附:对侵犯著作权行为行政处罚的实施办法	国权(1995)28 号 95-7-25
25	国家版权局	著作权行政处罚实施办法	局令第 2 号 97-1-28
26	国家版权局	关于发布著作权法实施条例第五条中"表演"的具体应用问题的解释的通知 附:著作权法实施条例第五条中"表演"的具体应用问题的解释	国权(1999)43 号 99-12-9
27	国家版权局	关于制作数字化制品的著作权规定	国权(1999)45 号 99-12-9

中华人民共和国国家版权局令

第 7 号

《国家版权局废止第三批规章、规范性文件的决定》已经2009年4月21日国家版权局第1次局务会议通过,现予公布,自公布之日起生效。

国家版权局局长　柳斌杰

二〇〇九年五月七日

国家版权局废止第三批规章、规范性文件的决定

2002年及2003年,国家版权局先后以第2号令和第4号令分两批集中废止了36件著作权规章、规范性文件。为进一步实施《中华人民共和国著作权法》,保障著作权行政管理秩序,国家版权局组织了第三次规章、规范性文件集中清理工作,决定废止13件规章、规范性文件。现予公布,自公布之日起生效。

附件:国家版权局决定废止的第三批规章、规范性文件目录

国家版权局废止第三批规章、规范性文件的决定

附件：国家版权局决定废止的第三批规章、规范性文件目录

序号	文　号	文　件　名　称	发布日期
1	国权[2000]19号	关于同意试行《制作数字化制品著作权使用费标准(试行)》和《制作数字化制品许可合同(式样)》的批复	2000.6.16
2	国家版权局公告第7号	关于《计算机软件著作权登记办法》有关条款的修订	2000.5.26
3	国权联[1996]1号	著作权涉外代理机构管理暂行办法	1996.4.15
4	权办字[1994]第37号	关于答复地方著作权行政管理部门查处涉外侵权行为问题的函	1994.7.21
5	权办字[1994]第38号	关于《对侵犯著作权行为行政处罚的实施办法》的更正通知	1994.7.7
6	(92)权办字第22号	关于对《书籍稿酬暂行规定》第四条第(四)项的解释	1992.5.23
7	机械电子工业部公告	计算机软件著作权登记办法	1992.4.6
8	(90)权字第6号	关于作者原稿是否应退还作者的意见	1990.5.5
9	(89)权字第31号	国家版权局关于已故作者稿酬继承问题的复文	1989.8.28
10	(89)权字第29号	关于版权贸易合同审批管辖问题的复函	1989.8.8
11	(87)权字第3号	关于修订本稿酬支付问题的答复	1987.1.26
12	(86)出权字第37号	国家版权局关于对音像制品付酬问题的函	1986.7.18
13	(86)权字第14号	国家版权局关于使用已发表的作品出版音像制品向版权所有者付酬原则的复函	1986.3.20

中华人民共和国最高人民法院公告

《最高人民法院关于审理非法出版物刑事案件具体应用法律若干问题的解释》已于1998年12月11日由最高人民法院审判委员会第1032次会议通过,现予公布,自1998年12月23日起施行。

1998年12月17日

最高人民法院关于审理非法出版物刑事案件具体应用法律若干问题的解释

(1998年12月11日由最高人民法院审判委员会第1032次会议通过　1998年12月23日起施行　法释[1998]30号)

为依法惩治非法出版物犯罪活动,根据刑法的有关规定,现对审理非法出版物刑事案件具体应用法律的若干问题解释如下:

第一条　明知出版物中载有煽动分裂国家、破坏国家统一或者煽动颠覆国家政权、推翻社会主义制度的内容,而予以出版、印刷、复制、发行、传播的,依照刑法第一百零三条第二款或者第一百零五条第二款的规定,以煽动分裂国家罪或者煽动颠覆国家政权罪定罪处罚。

第二条　以营利为目的,实施刑法第二百一十七条所列侵犯著作权行为之一,个人违法所得数额在五万元以上,单位违法所得数额在二十万元以上的,属于"违法所得数额较大";具有下列情形之一的,属于"有其他严重情节":

(一)因侵犯著作权曾经两次以上被追究行政责任或者民事责任,两年内又实施刑法第二百一十七条所列侵犯著作权行为之

一的;

(二)个人非法经营数额在二十万元以上,单位非法经营数额在一百万元以上的;

(三)造成其他严重后果的。

以营利为目的,实施刑法第二百一十七条所列侵犯著作权行为之一,个人违法所得数额在二十万元以上,单位违法所得数额在一百万元以上的,属于"违法所得数额巨大";具有下列情形之一的,属于"有其他特别严重情节":

(一)个人非法经营数额在一百万元以上,单位非法经营数额在五百万元以上的;

(二)造成其他特别严重后果的。

第三条 刑法第二百一十七条第(一)项中规定的"复制发行",是指行为人以营利为目的,未经著作权人许可而实施的复制、发行或者既复制又发行其文字作品、音乐、电影、电视、录像作品、计算机软件及其他作品的行为。

第四条 以营利为目的,实施刑法第二百一十八条规定的行为,个人违法所得数额在十万元以上,单位违法所得数额在五十万元以上的,依照刑法第二百一十八条的规定,以销售侵权复制品罪定罪处罚。

第五条 实施刑法第二百一十七条规定的侵犯著作权行为,又销售该侵权复制品,违法所得数额巨大的,只定侵犯著作权罪,不实行数罪并罚。

实施刑法第二百一十七条规定的侵犯著作权的犯罪行为,又明知是他人的侵权复制品而予以销售,构成犯罪的,应当实行数罪并罚。

第六条　在出版物中公然侮辱他人或者捏造事实诽谤他人，情节严重的，依照刑法第二百四十六条的规定，分别以侮辱罪或者诽谤罪定罪处罚。

第七条　出版刊载歧视、侮辱少数民族内容的作品，情节恶劣，造成严重后果的，依照刑法第二百五十条的规定，以出版歧视、侮辱少数民族作品罪定罪处罚。

第八条　以牟利为目的，实施刑法第三百六十三条第一款规定的行为，具有下列情形之一的，以制作、复制、出版、贩卖、传播淫秽物品牟利罪定罪处罚：

（一）制作、复制、出版淫秽影碟、软件、录像带五十至一百张（盒）以上，淫秽音碟、录音带一百至二百张（盒）以上，淫秽扑克、书刊、画册一百至二百副（册）以上，淫秽照片、画片五百至一千张以上的；

（二）贩卖淫秽影碟、软件、录像带一百至二百张（盒）以上，淫秽音碟、录音带二百至四百张（盒）以上，淫秽扑克、书刊、画册二百至四百副（册）以上，淫秽照片、画片一千至二千张以上的；

（三）向他人传播淫秽物品达二百至五百人次以上，或者组织播放淫秽影、像达十至二十场次以上的；

（四）制作、复制、出版、贩卖、传播淫秽物品，获利五千至一万元以上的。

以牟利为目的，实施刑法第三百六十三条第一款规定的行为，具有下列情形之一的，应当认定为制作、复制、出版、贩卖、传播淫秽物品牟利罪"情节严重"：

（一）制作、复制、出版淫秽影碟、软件、录像带二百五十至五百张（盒）以上，淫秽音碟、录音带五百至一千张（盒）以上，淫秽扑克、书刊、画册五百至一千副（册）以上，淫秽照片、画片二千五百至五千张以上的；

（二）贩卖淫秽影碟、软件、录像带五百至一千张（盒）以上，淫秽音碟、录音带一千至二千张（盒）以上，淫秽扑克、书刊、画册一千至二千副（册）以上，淫秽照片、画片五千至一万张以上的；

（三）向他人传播淫秽物品达一千至二千人次以上，或者组织播放淫秽影、像达五十至一百场次以上的；

（四）制作、复制、出版、贩卖、传播淫秽物品，获利三万至五万元以上的。

以牟利为目的，实施刑法第三百六十三条第一款规定的行为，其数量（数额）达到前款规定的数量（数额）五倍以上的，应当认定为制作、复制、出版、贩卖、传播淫秽物品牟利罪"情节特别严重"。

第九条 为他人提供书号、刊号，出版淫秽书刊的，依照刑法第三百六十三条第二款的规定，以为他人提供书号出版淫秽书刊罪定罪处罚。

为他人提供版号，出版淫秽音像制品的，依照前款规定定罪处罚。

明知他人用于出版淫秽书刊而提供书号、刊号的，依照刑法第三百六十三条第一款的规定，以出版淫秽物品牟利罪定罪处罚。

第十条 向他人传播淫秽的书刊、影片、音像、图片等出版物达三百至六百人次以上或者造成恶劣社会影响的，属于"情节严重"，依照刑法第三百六十四条第一款的规定，以传播淫秽物品罪定罪处罚。

组织播放淫秽的电影、录像等音像制品达十五至三十场次以上或者造成恶劣社会影响的,依照刑法第三百六十四条第二款的规定,以组织播放淫秽音像制品罪定罪处罚。

第十一条 违反国家规定,出版、印刷、复制、发行本解释第一条至第十条规定以外的其他严重危害社会秩序和扰乱市场秩序的非法出版物,情节严重的,依照刑法第二百二十五条第(三)项的规定,以非法经营罪定罪处罚。

第十二条 个人实施本解释第十一条规定的行为,具有下列情形之一的,属于非法经营行为"情节严重":

(一)经营数额在五万元至十万元以上的;

(二)违法所得数额在二万元至三万元以上的;

(三)经营报纸五千份或者期刊五千本或者图书二千册或者音像制品、电子出版物五百张(盒)以上的。

具有下列情形之一的,属于非法经营行为"情节特别严重":

(一)经营数额在十五万元至三十万元以上的;

(二)违法所得数额在五万元至十万元以上的;

(三)经营报纸一万五千份或者期刊一万五千本或者图书五千册或者音像制品、电子出版物一千五百张(盒)以上的。

第十三条 单位实施本解释第十一条规定的行为,具有下列情形之一的,属于非法经营行为"情节严重":

(一)经营数额在十五万元至三十万元以上的;

(二)违法所得数额在五万元至十万元以上的;

(三)经营报纸一万五千份或者期刊一万五千本或者图书五千册或者音像制品、电子出版物一千五百张(盒)以上的。

具有下列情形之一的,属于非法经营行为"情节特别严重":

(一)经营数额在五十万元至一百万元以上的;

（二）违法所得数额在十五万元至三十万元以上的；

（三）经营报纸五万份或者期刊五万本或者图书一万五千册或者音像制品、电子出版物五千张（盒）以上的。

第十四条 实施本解释第十一条规定的行为，经营数额、违法所得数额或者经营数量接近非法经营行为"情节严重"、"情节特别严重"的数额、数量起点标准，并具有下列情形之一的，可以认定为非法经营行为"情节严重"、"情节特别严重"：

（一）两年内因出版、印刷、复制、发行非法出版物受过行政处罚两次以上的；

（二）因出版、印刷、复制、发行非法出版物造成恶劣社会影响或者其他严重后果的。

第十五条 非法从事出版物的出版、印刷、复制、发行业务，严重扰乱市场秩序，情节特别严重，构成犯罪的，可以依照刑法第二百二十五条第（三）项的规定，以非法经营罪定罪处罚。

第十六条 出版单位与他人事前通谋，向其出售、出租或者以其他形式转让该出版单位的名称、书号、刊号、版号，他人实施本解释第二条、第四条、第八条、第九条、第十条、第十一条规定的行为，构成犯罪的，对该出版单位应当以共犯论处。

第十七条 本解释所称"经营数额"，是指以非法出版物的定价数额乘以行为人经营的非法出版物数量所得的数额。

本解释所称"违法所得数额"，是指获利数额。

非法出版物没有定价或者以境外货币定价的，其单价数额应当按照行为人实际出售的价格认定。

第十八条 各省、自治区、直辖市高级人民法院可以根据本地的情况和社会治安状况，在本解释第八条、第十条、第十二条、第十三条规定的有关数额、数量标准的幅度内,确定本地执行的具体标准,并报最高人民法院备案。

中华人民共和国最高人民法院公告

《最高人民法院关于审理著作权民事纠纷案件适用法律若干问题的解释》已于 2002 年 10 月 12 日由最高人民法院审判委员会第 1246 次会议通过。现予公布,自 2002 年 10 月 15 日起施行。

最高人民法院
2002 年 10 月 12 日

最高人民法院关于审理著作权民事纠纷案件适用法律若干问题的解释

(2002年10月12日最高人民法院审判委员会第1246次会议通过 2002年10月15日施行 法释[2002]31号)

为了正确审理著作权民事纠纷案件,根据《中华人民共和国民法通则》、《中华人民共和国合同法》、《中华人民共和国著作权法》、《中华人民共和国民事诉讼法》等法律的规定,就适用法律若干问题解释如下:

第一条 人民法院受理以下著作权民事纠纷案件:

(一)著作权及与著作权有关权益权属、侵权、合同纠纷案件;

(二)申请诉前停止侵犯著作权、与著作权有关权益行为,申请诉前财产保全、诉前证据保全案件;

(三)其他著作权、与著作权有关权益纠纷案件。

第二条 著作权民事纠纷案件,由中级以上人民法院管辖。

各高级人民法院根据本辖区的实际情况,可以确定若干基层人民法院管辖第一审著作权民事纠纷案件。

第三条 对著作权行政管理部门查处的侵犯著作权行为,当事人向人民法院提起诉讼追究该行为人民事责任的,人民法院应当受理。

人民法院审理已经过著作权行政管理部门处理的侵犯著作权行为的民事纠纷案件，应当对案件事实进行全面审查。

第四条 因侵犯著作权行为提起的民事诉讼，由著作权法第四十六条、第四十七条所规定侵权行为的实施地、侵权复制品储藏地或者查封扣押地、被告住所地人民法院管辖。

前款规定的侵权复制品储藏地，是指大量或者经营性储存、隐匿侵权复制品所在地；查封扣押地，是指海关、版权、工商等行政机关依法查封、扣押侵权复制品所在地。

第五条 对涉及不同侵权行为实施地的多个被告提起的共同诉讼，原告可以选择其中一个被告的侵权行为实施地人民法院管辖；仅对其中某一被告提起的诉讼，该被告侵权行为实施地的人民法院有管辖权。

第六条 依法成立的著作权集体管理组织，根据著作权人的书面授权，以自己的名义提起诉讼，人民法院应当受理。

第七条 当事人提供的涉及著作权的底稿、原件、合法出版物、著作权登记证书、认证机构出具的证明、取得权利的合同等，可以作为证据。

在作品或者制品上署名的自然人、法人或者其他组织视为著作权、与著作权有关权益的权利人，但有相反证明的除外。

第八条 当事人自行或者委托他人以定购、现场交易等方式购买侵权复制品而取得的实物、发票等，可以作为证据。

公证人员在未向涉嫌侵权的一方当事人表明身份的情况下，如实对另一方当事人按照前款规定的方式取得的证据和取证过程出具的公证书，应当作为证据使用，但有相反证据的除外。

第九条　著作权法第十条第(一)项规定的"公之于众",是指著作权人自行或者经著作权人许可将作品向不特定的人公开,但不以公众知晓为构成条件。

第十条　著作权法第十五条第二款所指的作品,著作权人是自然人的,其保护期适用著作权法第二十一条第一款的规定;著作权人是法人或其他组织的,其保护期适用著作权法第二十一条第二款的规定。

第十一条　因作品署名顺序发生的纠纷,人民法院按照下列原则处理:有约定的按约定确定署名顺序;没有约定的,可以按照创作作品付出的劳动、作品排列、作者姓氏笔划等确定署名顺序。

第十二条　按照著作权法第十七条规定委托作品著作权属于受托人的情形,委托人在约定的使用范围内享有使用作品的权利;双方没有约定使用作品范围的,委托人可以在委托创作的特定目的范围内免费使用该作品。

第十三条　除著作权法第十一条第三款规定的情形外,由他人执笔,本人审阅定稿并以本人名义发表的报告、讲话等作品,著作权归报告人或者讲话人享有。著作权人可以支付执笔人适当的报酬。

第十四条　当事人合意以特定人物经历为题材完成的自传体作品,当事人对著作权权属有约定的,依其约定;没有约定的,著作权归该特定人物享有,执笔人或整理人对作品完成付出劳动的,著作权人可以向其支付适当的报酬。

第十五条　由不同作者就同一题材创作的作品,作品的表达系独立完成并且有创作性的,应当认定作者各自享有独立著作权。

第十六条　通过大众传播媒介传播的单纯事实消息属于著作

权法第五条第(二)项规定的时事新闻。传播报道他人采编的时事新闻,应当注明出处。

第十七条 著作权法第三十二条第二款规定的转载,是指报纸、期刊登载其他报刊已发表作品的行为。转载未注明被转载作品的作者和最初登载的报刊出处的,应当承担消除影响、赔礼道歉等民事责任。

第十八条 著作权法第二十二条第(十)项规定的室外公共场所的艺术作品,是指设置或者陈列在室外社会公众活动处所的雕塑、绘画、书法等艺术作品。

对前款规定艺术作品的临摹、绘画、摄影、录像人,可以对其成果以合理的方式和范围再行使用,不构成侵权。

第十九条 出版者、制作者应当对其出版、制作有合法授权承担举证责任,发行者、出租者应当对其发行或者出租的复制品有合法来源承担举证责任。举证不能的,依据著作权法第四十六条、第四十七条的相应规定承担法律责任。

第二十条 出版物侵犯他人著作权的,出版者应当根据其过错、侵权程度及损害后果等承担民事赔偿责任。

出版者对其出版行为的授权、稿件来源和署名、所编辑出版物的内容等未尽到合理注意义务的,依据著作权法第四十八条的规定,承担赔偿责任。

出版者尽了合理注意义务,著作权人也无证据证明出版者应当知道其出版涉及侵权的,依据民法通则第一百一十七条第一款的规定,出版者承担停止侵权、返还其侵权所得利润的民事责任。

出版者所尽合理注意义务情况,由出版者承担举证责任。

第二十一条 计算机软件用户未经许可或者超过许可范围商

业使用计算机软件的,依据著作权法第四十七条第(一)项、《计算机软件保护条例》第二十四条第(一)项的规定承担民事责任。

第二十二条 著作权转让合同未采取书面形式的,人民法院依据合同法第三十六条、第三十七条的规定审查合同是否成立。

第二十三条 出版者将著作权人交付出版的作品丢失、毁损致使出版合同不能履行的,依据著作权法第五十三条、民法通则第一百一十七条以及合同法第一百二十二条的规定追究出版者的民事责任。

第二十四条 权利人的实际损失,可以根据权利人因侵权所造成复制品发行减少量或者侵权复制品销售量与权利人发行该复制品单位利润乘积计算。发行减少量难以确定的,按照侵权复制品市场销售量确定。

第二十五条 权利人的实际损失或者侵权人的违法所得无法确定的,人民法院根据当事人的请求或者依职权适用著作权法第四十八条第二款的规定确定赔偿数额。

人民法院在确定赔偿数额时,应当考虑作品类型、合理使用费、侵权行为性质、后果等情节综合确定。

当事人按照本条第一款的规定就赔偿数额达成协议的,应当准许。

第二十六条 著作权法第四十八条第一款规定的制止侵权行为所支付的合理开支,包括权利人或者委托代理人对侵权行为进行调查、取证的合理费用。

人民法院根据当事人的诉讼请求和具体案情,可以将符合国家有关部门规定的律师费用计算在赔偿范围内。

第二十七条 在著作权法修改决定施行前发生的侵犯著作权

行为起诉的案件,人民法院于该决定施行后作出判决的,可以参照适用著作权法第四十八条的规定。

第二十八条 侵犯著作权的诉讼时效为两年,自著作权人知道或者应当知道侵权行为之日起计算。权利人超过两年起诉的,如果侵权行为在起诉时仍在持续,在该著作权保护期内,人民法院应当判决被告停止侵权行为;侵权损害赔偿数额应当自权利人向人民法院起诉之日起向前推算两年计算。

第二十九条 对著作权法第四十七条规定的侵权行为,人民法院根据当事人的请求除追究行为人民事责任外,还可以依据民法通则第一百三十四条第三款的规定给予民事制裁,罚款数额可以参照《中华人民共和国著作权法实施条例》的有关规定确定。

著作权行政管理部门对相同的侵权行为已经给予行政处罚的,人民法院不再予以民事制裁。

第三十条 对2001年10月27日前发生的侵犯著作权行为,当事人于2001年10月27日后向人民法院提出申请采取责令停止侵权行为或者证据保全措施的,适用著作权法第四十九条、第五十条的规定。

人民法院采取诉前措施,参照《最高人民法院关于诉前停止侵犯注册商标专用权行为和保全证据适用法律问题的解释》的规定办理。

第三十一条 除本解释另行规定外,2001年10月27日以后人民法院受理的著作权民事纠纷案件,涉及2001年10月27日前发生的民事行为的,适用修改前著作权法的规定;涉及该日期以后发生的民事行为的,适用修改后著作权法的规定;涉及该日期前发生,持续到该日期后的民事行为的,适用修改后著作权法的规定。

第三十二条 以前的有关规定与本解释不一致的,以本解释为准。

中华人民共和国最高人民法院公告

《最高人民法院关于修改〈最高人民法院关于审理涉及计算机网络著作权纠纷案件适用法律若干问题的解释〉的决定(二)》已于2006年11月20日由最高人民法院审判委员会第1406次会议通过。现予公布,自2006年12月8日起施行。

二〇〇六年十一月二十二日

最高人民法院关于修改《最高人民法院关于审理涉及计算机网络著作权纠纷案件适用法律若干问题的解释》的决定(二)

根据《中华人民共和国著作权法》第五十八条的规定及《信息网络传播权保护条例》的规定,最高人民法院审判委员会第1406次会议决定对《最高人民法院关于审理涉及计算机网络著作权纠纷案件适用法律若干问题的解释》作如下修改:

删去《最高人民法院关于审理涉及计算机网络著作权纠纷案件适用法律若干问题的解释》第三条。

根据本决定对《最高人民法院关于审理涉及计算机网络著作权纠纷案件适用法律若干问题的解释》的条文顺序作相应调整后,重新公布。

最高人民法院关于审理涉及计算机网络著作权纠纷案件适用法律若干问题的解释

(2000年11月22日最高人民法院审判委员会第1144次会议通过 根据2003年12月23日最高人民法院审判委员会第1302次会议《关于修改〈最高人民法院关于审理涉及计算机网络著作权纠纷案件适用法律若干问题的解释〉的决定》第一次修正 根据2006年11月20日最高人民法院审判委员会第1406次会议《关于修改〈最高人民法院关于审理涉及计算机网络著作权纠纷案件适用法律若干问题的解释〉的决定(二)》第二次修正 法释[2004]1号)

为了正确审理涉及计算机网络著作权纠纷案件,根据民法通则、著作权法和民事诉讼法等法律的规定,对这类案件适用法律的若干问题解释如下:

第一条 网络著作权侵权纠纷案件由侵权行为地或者被告住所地人民法院管辖。侵权行为地包括实施被诉侵权行为的网络服务器、计算机终端等设备所在地。对难以确定侵权行为地和被告住所地的,原告发现侵权内容的计算机终端等设备所在地可以视为侵权行为地。

第二条 受著作权法保护的作品，包括著作权法第三条规定的各类作品的数字化形式。在网络环境下无法归于著作权法第三条列举的作品范围，但在文学、艺术和科学领域内具有独创性并能以某种有形形式复制的其他智力创作成果，人民法院应当予以保护。

第三条 网络服务提供者通过网络参与他人侵犯著作权行为，或者通过网络教唆、帮助他人实施侵犯著作权行为的，人民法院应当根据民法通则第一百三十条的规定，追究其与其他行为人或者直接实施侵权行为人的共同侵权责任。

第四条 提供内容服务的网络服务提供者，明知网络用户通过网络实施侵犯他人著作权的行为，或者经著作权人提出确有证据的警告，但仍不采取移除侵权内容等措施以消除侵权后果的，人民法院应当根据民法通则第一百三十条的规定，追究其与该网络用户的共同侵权责任。

第五条 提供内容服务的网络服务提供者，对著作权人要求其提供侵权行为人在其网络的注册资料以追究行为人的侵权责任，无正当理由拒绝提供的，人民法院应当根据民法通则第一百零六条的规定，追究其相应的侵权责任。

第六条 网络服务提供者明知专门用于故意避开或者破坏他人著作权技术保护措施的方法、设备或者材料，而上载、传播、提供的，人民法院应当根据当事人的诉讼请求和具体案情，依照著作权法第四十七条第（六）项的规定，追究网络服务提供者的民事侵权责任。

第七条 著作权人发现侵权信息向网络服务提供者提出警告

或者索要侵权行为人网络注册资料时,不能出示身份证明、著作权权属证明及侵权情况证明的,视为未提出警告或者未提出索要请求。

著作权人出示上述证明后网络服务提供者仍不采取措施的,著作权人可以依照著作权法第四十九条、第五十条的规定在诉前申请人民法院作出停止有关行为和财产保全、证据保全的裁定,也可以在提起诉讼时申请人民法院先行裁定停止侵害、排除妨碍、消除影响,人民法院应予准许。

第八条 网络服务提供者经著作权人提出确有证据的警告而采取移除被控侵权内容等措施,被控侵权人要求网络服务提供者承担违约责任的,人民法院不予支持。

著作权人指控侵权不实,被控侵权人因网络服务提供者采取措施遭受损失而请求赔偿的,人民法院应当判令由提出警告的人承担赔偿责任。

中华人民共和国最高人民法院
中华人民共和国最高人民检察院
公 告

《最高人民法院、最高人民检察院关于办理侵犯知识产权刑事案件具体应用法律若干问题的解释》已于 2004 年 11 月 2 日由最高人民法院审判委员会第 1331 次会议、2004 年 11 月 11 日由最高人民检察院第十届检察委员会第 28 次会议通过，现予公布，自 2004 年 12 月 22 日起施行。

最高人民法院、最高人民检察院
二〇〇四年十二月八日

最高人民法院、最高人民检察院关于办理侵犯知识产权刑事案件具体应用法律若干问题的解释

(2004年11月2日最高人民法院审判委员会第1331次会议 2004年11月11日最高人民检察院第十届检察委员会第28次会议通过 法释〔2004〕19号)

为依法惩治侵犯知识产权犯罪活动,维护社会主义市场经济秩序,根据刑法有关规定,现就办理侵犯知识产权刑事案件具体应用法律的若干问题解释如下:

第一条 未经注册商标所有人许可,在同一种商品上使用与其注册商标相同的商标,具有下列情形之一的,属于刑法第二百一十三条规定的"情节严重",应当以假冒注册商标罪判处三年以下有期徒刑或者拘役,并处或者单处罚金:

(一)非法经营数额在五万元以上或者违法所得数额在三万元以上的;

(二)假冒两种以上注册商标,非法经营数额在三万元以上或者违法所得数额在二万元以上的;

(三)其他情节严重的情形。

具有下列情形之一的,属于刑法第二百一十三条规定的"情节特别严重",应当以假冒注册商标罪判处三年以上七年以下有期徒刑,并处罚金:

(一)非法经营数额在二十五万元以上或者违法所得数额在十五万元以上的;

(二)假冒两种以上注册商标,非法经营数额在十五万元以上或者违法所得数额在十万元以上的;

(三)其他情节特别严重的情形。

第二条 销售明知是假冒注册商标的商品,销售金额在五万元以上的,属于刑法第二百一十四条规定的"数额较大",应当以销售假冒注册商标的商品罪判处三年以下有期徒刑或者拘役,并处或者单处罚金。

销售金额在二十五万元以上的,属于刑法第二百一十四条规定的"数额巨大",应当以销售假冒注册商标的商品罪判处三年以上七年以下有期徒刑,并处罚金。

第三条 伪造、擅自制造他人注册商标标识或者销售伪造、擅自制造的注册商标标识,具有下列情形之一的,属于刑法第二百一十五条规定的"情节严重",应当以非法制造、销售非法制造的注册商标标识罪判处三年以下有期徒刑、拘役或者管制,并处或者单处罚金:

(一)伪造、擅自制造或者销售伪造、擅自制造的注册商标标识数量在二万件以上,或者非法经营数额在五万元以上,或者违法所得数额在三万元以上的;

(二)伪造、擅自制造或者销售伪造、擅自制造两种以上注册商标标识数量在一万件以上,或者非法经营数额在三万元以上,或者

违法所得数额在二万元以上的;

(三)其他情节严重的情形。

具有下列情形之一的,属于刑法第二百一十五条规定的"情节特别严重",应当以非法制造、销售非法制造的注册商标标识罪判处三年以上七年以下有期徒刑,并处罚金:

(一)伪造、擅自制造或者销售伪造、擅自制造的注册商标标识数量在十万件以上,或者非法经营数额在二十五万元以上,或者违法所得数额在十五万元以上的;

(二)伪造、擅自制造或者销售伪造、擅自制造两种以上注册商标标识数量在五万件以上,或者非法经营数额在十五万元以上,或者违法所得数额在十万元以上的;

(三)其他情节特别严重的情形。

第四条 假冒他人专利,具有下列情形之一的,属于刑法第二百一十六条规定的"情节严重",应当以假冒专利罪判处三年以下有期徒刑或者拘役,并处或者单处罚金:

(一)非法经营数额在二十万元以上或者违法所得数额在十万元以上的;

(二)给专利权人造成直接经济损失五十万元以上的;

(三)假冒两项以上他人专利,非法经营数额在十万元以上或者违法所得数额在五万元以上的;

(四)其他情节严重的情形。

第五条 以营利为目的,实施刑法第二百一十七条所列侵犯著作权行为之一,违法所得数额在三万元以上的,属于"违法所得数额较大";具有下列情形之一的,属于"有其他严重情节",应当以侵犯著作权罪判处三年以下有期徒刑或者拘役,并处或者单处罚金：

（一）非法经营数额在五万元以上的；

（二）未经著作权人许可，复制发行其文字作品、音乐、电影、电视、录像作品、计算机软件及其他作品，复制品数量合计在一千张（份）以上的；

（三）其他严重情节的情形。

以营利为目的，实施刑法第二百一十七条所列侵犯著作权行为之一，违法所得数额在十五万元以上的，属于"违法所得数额巨大"；具有下列情形之一的，属于"有其他特别严重情节"，应当以侵犯著作权罪判处三年以上七年以下有期徒刑，并处罚金：

（一）非法经营数额在二十五万元以上的；

（二）未经著作权人许可，复制发行其文字作品、音乐、电影、电视、录像作品、计算机软件及其他作品，复制品数量合计在五千张（份）以上的；

（三）其他特别严重情节的情形。

第六条 以营利为目的，实施刑法第二百一十八条规定的行为，违法所得数额在十万元以上的，属于"违法所得数额巨大"，应当以销售侵权复制品罪判处三年以下有期徒刑或者拘役，并处或者单处罚金。

第七条 实施刑法第二百一十九条规定的行为之一，给商业秘密的权利人造成损失数额在五十万元以上的，属于"给商业秘密的权利人造成重大损失"，应当以侵犯商业秘密罪判处三年以下有期徒刑或者拘役，并处或者单处罚金。

给商业秘密的权利人造成损失数额在二百五十万元以上的，属于刑法第二百一十九条规定的"造成特别严重后果"，应当以侵犯商业秘密罪判处三年以上七年以下有期徒刑,并处罚金。

第八条 刑法第二百一十三条规定的"相同的商标",是指与被假冒的注册商标完全相同,或者与被假冒的注册商标在视觉上基本无差别、足以对公众产生误导的商标。

刑法第二百一十三条规定的"使用",是指将注册商标或者假冒的注册商标用于商品、商品包装或者容器以及产品说明书、商品交易文书,或者将注册商标或者假冒的注册商标用于广告宣传、展览以及其他商业活动等行为。

第九条 刑法第二百一十四条规定的"销售金额",是指销售假冒注册商标的商品后所得和应得的全部违法收入。

具有下列情形之一的,应当认定为属于刑法第二百一十四条规定的"明知":

(一)知道自己销售的商品上的注册商标被涂改、调换或者覆盖的;

(二)因销售假冒注册商标的商品受到过行政处罚或者承担过民事责任、又销售同一种假冒注册商标的商品的;

(三)伪造、涂改商标注册人授权文件或者知道该文件被伪造、涂改的;

(四)其他知道或者应当知道是假冒注册商标的商品的情形。

第十条 实施下列行为之一的,属于刑法第二百一十六条规定的"假冒他人专利"的行为:

(一)未经许可,在其制造或者销售的产品、产品的包装上标注他人专利号的;

(二)未经许可,在广告或者其他宣传材料中使用他人的专利号,使人将所涉及的技术误认为是他人专利技术的;

(三)未经许可,在合同中使用他人的专利号,使人将合同涉及的技术误认为是他人专利技术的;

(四)伪造或者变造他人的专利证书、专利文件或者专利申请文件的。

第十一条 以刊登收费广告等方式直接或者间接收取费用的情形,属于刑法第二百一十七条规定的"以营利为目的"。

刑法第二百一十七条规定的"未经著作权人许可",是指没有得到著作权人授权或者伪造、涂改著作权人授权许可文件或者超出授权许可范围的情形。

通过信息网络向公众传播他人文字作品、音乐、电影、电视、录像作品、计算机软件及其他作品的行为,应当视为刑法第二百一十七条规定的"复制发行"。

第十二条 本解释所称"非法经营数额",是指行为人在实施侵犯知识产权行为过程中,制造、储存、运输、销售侵权产品的价值。已销售的侵权产品的价值,按照实际销售的价格计算。制造、储存、运输和未销售的侵权产品的价值,按照标价或者已经查清的侵权产品的实际销售平均价格计算。侵权产品没有标价或者无法查清其实际销售价格的,按照被侵权产品的市场中间价格计算。

多次实施侵犯知识产权行为,未经行政处理或者刑事处罚的,非法经营数额、违法所得数额或者销售金额累计计算。

本解释第三条所规定的"件",是指标有完整商标图样的一份标识。

第十三条 实施刑法第二百一十三条规定的假冒注册商标犯罪,又销售该假冒注册商标的商品,构成犯罪的,应当依照刑法第二百一十三条的规定,以假冒注册商标罪定罪处罚。

实施刑法第二百一十三条规定的假冒注册商标犯罪,又销售明知是他人的假冒注册商标的商品,构成犯罪的,应当实行数罪并罚。

第十四条 实施刑法第二百一十七条规定的侵犯著作权犯罪,又销售该侵权复制品,构成犯罪的,应当依照刑法第二百一十七条的规定,以侵犯著作权罪定罪处罚。

实施刑法第二百一十七条规定的侵犯著作权犯罪,又销售明知是他人的侵权复制品,构成犯罪的,应当实行数罪并罚。

第十五条 单位实施刑法第二百一十三条至第二百一十九条规定的行为,按照本解释规定的相应个人犯罪的定罪量刑标准的三倍定罪量刑。

第十六条 明知他人实施侵犯知识产权犯罪,而为其提供贷款、资金、账号、发票、证明、许可证件,或者提供生产、经营场所或者运输、储存、代理进出口等便利条件、帮助的,以侵犯知识产权犯罪的共犯论处。

第十七条 以前发布的有关侵犯知识产权犯罪的司法解释,与本解释相抵触的,自本解释施行后不再适用。

中华人民共和国最高人民法院
中华人民共和国最高人民检察院
公 告

《最高人民法院、最高人民检察院关于办理侵犯知识产权刑事案件具体应用法律若干问题的解释(二)》已于2007年4月4日由最高人民法院审判委员会第1422次会议、最高人民检察院第十届检察委员会第75次会议通过,现予公布,自2007年4月5日起施行。

最高人民法院、最高人民检察院
二〇〇七年四月五日

最高人民法院、最高人民检察院关于办理侵犯知识产权刑事案件具体应用法律若干问题的解释(二)

(2007年4月4日最高人民法院审判委员会第1422次会议、最高人民检察院第十届检察委员会第75次会议通过 法释[2007]6号)

为维护社会主义市场经济秩序,依法惩治侵犯知识产权犯罪活动,根据刑法、刑事诉讼法有关规定,现就办理侵犯知识产权刑事案件具体应用法律的若干问题解释如下:

第一条 以营利为目的,未经著作权人许可,复制发行其文字作品、音乐、电影、电视、录像作品、计算机软件及其他作品,复制品数量合计在五百张(份)以上的,属于刑法第二百一十七条规定的"有其他严重情节";复制品数量在二千五百张(份)以上的,属于刑法第二百一十七条规定的"有其他特别严重情节"。

第二条 刑法第二百一十七条侵犯著作权罪中的"复制发行",包括复制、发行或者既复制又发行的行为。

侵权产品的持有人通过广告、征订等方式推销侵权产品的,属于刑法第二百一十七条规定的"发行"。

非法出版、复制、发行他人作品,侵犯著作权构成犯罪的,按照侵犯著作权罪定罪处罚。

第三条 侵犯知识产权犯罪,符合刑法规定的缓刑条件的,依法适用缓刑。有下列情形之一的,一般不适用缓刑:

(一)因侵犯知识产权被刑事处罚或者行政处罚后,再次侵犯知识产权构成犯罪的;

(二)不具有悔罪表现的;

(三)拒不交出违法所得的;

(四)其他不宜适用缓刑的情形。

第四条 对于侵犯知识产权犯罪的,人民法院应当综合考虑犯罪的违法所得、非法经营数额、给权利人造成的损失、社会危害性等情节,依法判处罚金。罚金数额一般在违法所得的一倍以上五倍以下,或者按照非法经营数额的50%以上一倍以下确定。

第五条 被害人有证据证明的侵犯知识产权刑事案件,直接向人民法院起诉的,人民法院应当依法受理;严重危害社会秩序和国家利益的侵犯知识产权刑事案件,由人民检察院依法提起公诉。

第六条 单位实施刑法第二百一十三条至第二百一十九条规定的行为,按照《最高人民法院、最高人民检察院关于办理侵犯知识产权刑事案件具体应用法律若干问题的解释》和本解释规定的相应个人犯罪的定罪量刑标准定罪处罚。

第七条 以前发布的司法解释与本解释不一致的,以本解释为准。

附 录

北京市高级人民法院
关于审理计算机软件著作权纠纷案件几个问题的意见

(1995年6月21日 京高法发[1995]192号)

一、管辖

侵犯软件著作权的,侵权行为地或被告所在地的人民法院对该纠纷有管辖权。

侵权软件的销售地属侵权行为地。

二、证据

1. 原告主张其享有著作权的软件未经登记的,应提交该软件的源程序、文档以及其他的能证明其享有权利的证据。

原告主张其享有著作权的软件已经登记的,应提交计算机软件登记管理部门颁发的软件登记证书。

2. 侵权案件,原告一般应提交如下证据:

(1) 侵权的程序、文档以及与之进行对比的原告的程序、文档;

(2) 被告实施侵权行为的其他证据;

(3) 原告的软件与被告软件的对比情况。

3. 当事人提供的证据必须是合法取得的。

当事人以强迫、引诱、欺骗或者其他不合法手段收集的证据不予认定。

4. 当事人在收集证据时,可以委托公证机关公证其收集的证据、收集证据的方法的真实性、合法性。

对经过公证机关公证的证据,法院应依照民事诉讼法第 67 条直接认定其效力,但有相反证据足以推翻公证证明的除外。

5. 当事人收集证据确有困难,而该证据又很重要的,可以请求法院依职权收集,但当事人应提供证据线索。

6. 在证据可能灭失或者以后难以取得的情况下,当事人可以书面向法院申请保全证据。

申请保全的证据涉及到有经济价值的物品,或者因证据保全可能会给被申请人带来经济损失的,申请人应提供担保。

法院采取查封的方式保全软件证据的,应当立即封存。

7. 当事人之间交换的有关软件证据,应由法院复制或者在审判人员在场的情况下复制并交给对方当事人。

三、财产保全和先予执行

1. 当事人申请财产保全的,应提供相当于请求保全数额并可供执行的财产作担保。

2. 原告作为外国人、无国籍人、外国企业和组织或港、澳、台居民和企业,在中国大陆境内没有财产的,经被告申请,法院可作出财产保全裁定,令原告提交一笔款项或提出担保,以保证对因其诉讼可能给被告造成的损失和被告其他必要的支出的赔偿。

3. 当事人要求法院命令被申请人立即停止侵害或者制止某项行为的,在案件事实基本清楚,被申请人的行为已构成侵权、应承担停止侵权责任,不停止侵权行为会造成更大损失的,并已经开庭审理的情况下,法院可以依照民事诉讼法第97、98条的规定慎重作出裁定先予执行,但必须要求申请人提供担保。

四、鉴定

可参照北京市高级人民法院下发的《技术合同纠纷鉴定规则(试行)》进行。

五、诉讼代理人

1. 当事人之一或者双方为外国人、无国籍人、外国企业和组织或者港、澳、台的居民、企业和组织的,可以建议当事人委托中华人民共和国律师为诉讼代理人代理诉讼。

2. 可以建议当事人委托具有计算机软件专业知识的律师为诉讼代理人代理诉讼。

六、侵权认定方法

1. 对于原告关于被告的软件是原告软件复制品的指控,被告予以承认的,不需对双方的软件再做勘验、演示或鉴定。

2. 使用他人软件部分构成被使用软件的必要部分、主要部分或实质部分的,构成侵权。

七、关于赔偿

(一)侵犯软件著作权的损害赔偿,应依照民法通则的规定,侵权人的赔偿范围应与被侵权人的损失范围相当。

(二)赔偿的几种方法

1. 以被侵权人因被侵权所受到的损失为赔偿数额。

计算方法是:因侵权人的侵权复制品在市场上销售使软件著作权人或其合法受让者的软件销售量下降,其销售量减少的总数乘以每个软件的利润所得之积,即为被侵权人的实际经济损失。

在确定被侵权软件的价格时,可参照该软件登记时的报价。

2.以侵权人因侵权行为获得的全部利润为赔偿数额。

其计算方法是:侵权人从每件侵权复制品获得的利润乘以市场上销售的总数所得之积,即为侵权人所得的全部利润。

采取这种方式应考虑以下因素:(1)如果侵权人是采取比被侵权软件低的价格在市场上销售的,应以被侵权软件的销售价来计算侵权人所得;(2)如果侵权人能证明其所得的成本或必要费用的,予以扣除,不能证明的,以侵权行为所得之全部收入为其所得利润。

3.在难以确定权利人的实际损害或侵权者的侵权获益时,侵权人应赔偿5000至300000元;如侵权人确有证据证明其不知道其行为已构成侵权并且侵权后果不严重的,可酌情将赔偿数额减少到5000元以下。

各法院运用此款确定赔偿额时,务必向市高院报告。

在采取上述方法确定赔偿额时,应考虑以下因素:被侵权软件的成熟程度、经济生命周期、潜在的用户数量、使用效益;侵权获利、侵权行为的社会影响、侵权手段、时间;侵权者的主观过错程度。

(三)几种损失的赔偿或支付

1.因侵犯软件著作权而予以赔偿的,应以软件被侵权所受损害为限,不应以侵权人因硬件或与被侵权软件无关的软件所得进行赔偿。

但侵权软件与硬件配套使用、配套销售的,侵权人因硬件所得之部分利润应计算到赔偿数额中。

2.全部败诉的,败诉方应偿付双方当事人因达到伸张权利或防卫权利目的而支出的必要的合理的调查取证费及委托律师的费用。

委托律师的费用仅限于委托两名律师的费用,且应以司法部规定的律师收费办法为计算标准。

"全部败诉"是指原告的诉讼请求,包括请求数额被全部否定。

3. 胜诉方所指控的侵权行为被全部认定,虽然所请求赔偿数额高于判决认定的数额,但所多要求的部分在比例上比较小的,败诉方仍应承担胜诉方调查取证费和委托律师费;所多要求的部分比例过大的,败诉方偿付对方的调查取证费和委托律师费可按判决确定的诉讼费承担比例确定。

4. 侵权行为给被侵权人的商业信誉等精神权利造成损害的,可根据民法通则第一百二十条的规定责令侵权人赔礼道歉,公开登报消除影响,并可酌情令其赔偿被侵权人为消除影响、恢复商业信誉采取补救措施的费用;必要情况下,还应令其给予经济赔偿。

调查取证费、委托律师费及商业信誉损失的赔偿,以当事人已提出诉讼请求为前提。

北京市高级人民法院
关于审理著作权民事纠纷案件
适用法律若干问题的解答

(1996年12月9日 京高法发[1996]460号)

一般规定

1. 如何认定作品的独创性？

答：独创性是著作权法所称作品应具备的条件，独创性也称原创性或初创性，是指一部作品是经作者独立创作产生的，是作者独立构思的产物，而不是对已有作品的抄袭。判断作品是否有独创性，应看作者是否付出了创造性劳动。

作品的独创性并不要求作品必须具备较高的文学、艺术或科学价值，即作品的独创性与作品的文学、艺术、科学价值的大小无关。

作品的独创性也不要求作品必须是首创的、前所未有的，即使该作品与已有作品相似，只要该作品是作者独立创作产生的，也具备独创性。

2. 著作权法对作品的保护，保护的是什么？

答:著作权法对作品的保护,其保护的不是作品所体现的主题、思想、情感以及科学原理等,而是作者对这些主题、思想、情感或科学原理的表达或表现。其次,著作权法保护的表达或表现不仅指文字、图形等最终形式,当作品的内容成为作者表达思想、主题的表现形式时,作品的内容亦受著作权法保护;当这种表达是公知的,或者是唯一的形式时,则不受著作权法保护。

3. 作品中人物的称谓是否有著作权?

答:作品必须表达一定的思思、情感,传达一定的信息。简单的某一个人物的称谓如果没有其他材料配合,是难于表达出什么思想、情感,并难于传达出信息的,人们也难于看出它所包含的意义,因此一般情况下不直接作为作品给予保护。但是,人物的称谓具有独创性的,则可以构成作品,产生著作权。

4. 如何认定"作品创作完成"?

答:著作权自作品创作完成之日起产生。所谓"作品创作完成",不仅仅指整部作品的创作已全部完工,还指作品的局部的创作完工,只要作者的某一思想或某一构思已经完整地以某种形式表达出来了,即使这只是他全部构思的一个组成部分(甚至是非主要的组成部分),也应视为作品在一定阶段上的完成。因此,草稿、草图以及连载小说的一部分等,都应视为已创作完成。

5. 未经原作品作者许可,改编、翻译、注释、整理、编辑其作品产生的作品是否有著作权?

答:改编、翻译、注释、整理、编辑已有作品产生的作品称演绎作品。

未经许可演绎他人作品产生的演绎作品,尽管对原作作者来说是侵权作品,但它不是对已有作品的抄袭或复制,它本身是创作活动的产物,它的作者也付出了创造性劳动,它本身是有著作权的,演绎作品作者有权禁止他人使用演绎作品。但由于这类作品毕竟是未经授权演绎产生的,故使用时应经原作者的许可,未经许可进行使用是侵权的。

著作权及其归属

6.如何认定非法人单位?

答:非法人单位是指合法成立、有一定的组织机构和财产,但又不具备法人资格的组织。

7.未经核准登记的团体组织、临时为进行创作而组成的编委会等创作的作品,其著作权属于谁?

答:未经有关部门核准登记的团体组织、临时为创作组成的编委会等一类组织,不是非法人单位,这些团体组织、编委会创作的作品,由这些组织中参加创作的成员作为合作作者享有著作权。

8.如何认定作品是否已经发表?

答:作品完成后,如以表演、播放、出版、展览、摄制电影等方式使作品在不特定人范围内公开的,即将作品公之于众的,应视为作品已经发表。所谓公之于众应理解为是一种状态,即作品处于不特定人能够通过正当途径得知的状态,并不要求必须有人已经知晓的事实。

9.合作作品作者的署名顺序是否受著作权法保护?

答:合作创作的作品,著作权由合作作者共同享有。因此合作作者之间的法律地位是平等的,不论每个人的创作量的多少,创作的难易程度如何,只要是合作作者,都有权决定如何行使著作权,包括如何行使署名权。所以,如作者之间就署名顺序有约定,可按作者之间的约定处理;如无约定,只要在作品上署名了,作者之间就署名顺序发生争议的,不予保护。

作者以外的第三人,未经许可改变作者之间的署名顺序的,侵犯作者的署名权。

10. 合作作品作者之间就"主编"、"副主编"的署名提起诉讼的,应否保护?

答:合作作者对合作作品共同享有著作权,包括署名权。如合作作者之间事先对主编、副主编的署名没有约定的,不能主张主编或者副主编的署名权。

11. 赠送是否属于发行?

答:著作权法中的发行,是指向公众提供作品的适量复制件的行为,构成发行并不要求必须以营利为目的;通过赠送方式向公众提供一定数量的作品复制件的,与出售一样均属于发行。

12. 在原有作品的基础上对作品进行同一文学、艺术形式的再度创作是否属于改编?

答:改编是指在原有作品的基础上,创作出具有独创性的新作品。在原有作品的基础上再度创作后作品的文学、艺术形式完全不同于原来的文学、艺术形式的,如将小说再度创作为电影,属于改编;再度创作后作品的文学、艺术形式与原有作品的文学、艺术形式相同的,如从电影剧本到电影剧本,只要改动过程体现了独创性,也属于改编。

13. 如何认定影视改编权?

答:影视改编权,即电影、电视、录像摄制权,是指作者将自己的作品拍摄成电影、电视、录像作品的权利,以及授权他人以这种方式使用作品并获得报酬的权利。

14. 演绎作品著作权人对演绎作品享有什么权利？

答：演绎作品是基于已有作品产生的作品，是一个新作品，演绎作品的著作权人对演绎作品享有完整的著作权。但由于演绎作品是以原作品为基础的，原作品著作权人对原作品的使用有控制权，所以演绎作品的著作权人所享有的著作权在原作品享有著作权期间不能完全独立地行使，演绎作品的著作权人必须在取得原作品著作权人许可的情况下，才有权许可他人使用演绎作品。但如果原作品著作权人已授予演绎作品的著作权人某些权利，则在授予权利范围内的使用或许可使用无须再取得原作品著作权人的授权。

15. 如何认定委托作品？

答：委托作品是指受托人按照委托人的特定要求创作的作品。按照委托人的特定要求进行创作是委托作品的一个重要特征。

16. 委托作品著作权因没有约定归属而归受托人所有时，委托人对作品享有什么权利？

答：委托作品的著作权归属由委托人和受托人通过合同约定，合同未明确约定或者没有订立合同的，著作权属于受托人。在著作权属于受托人的情况下，委托人对委托作品在委托创作特定目的的范围内享有使用的权利，委托创作特定目的范围外的使用必须经受托人许可。

17. 著作权人发表的不许使用作品的声明应符合什么条件才有效？

答：著作权人关于不许使用的声明必须同时具备以下条件：必须是在作品发表的同时作出，但在国家版权局著作权公告上刊登声明的除外；必须采取使公众知晓的方式；必须是著作权人作出。

18. 他人购买了著作权人许可发行的作品复制件后，如果再次出售，是否可以不经著作权人同意？

答：经著作权人许可发行了作品的复制件后，著作权人对该批作品复制件的出售权便一次用尽，不能再行使了。他人购买了著作权人许可发行的作品复制件后再次出售的，不用经著作权人同意。

19. 著作权可以转让吗？

答：著作权中的财产权可以转让，人身权不能转让。著作权的转让必须采取书面合同的形式。

权利的限制

20. 为学校教学或科学研究、国家机关为执行公务而使用已发表作品，是否可以复制大量的复制件或者进行销售？

答：为学校课堂教学或者科学研究、国家机关为执行公务使用他人已经发表的作品，不得损害作品的正常利用，不得无故损害著作权人的合法权益。大量地复制他人作品或者对作品复制件进行销售，无疑会冲击他人作品在市场上的正常销售，损害著作权人的合法权益，因此，使用者即使是为教学、科研目的或者执行公务，也不属于合理使用。

21. 如何认定国家机关的执行公务的行为？

答：著作权法第二十二条第（七）项规定的"执行公务"是指执行与国家机关的法定职能直接相关的事务。

著作权许可使用合同

22.著作权许可使用合同是否必须采用书面形式?

答:除了报刊、杂志刊登作品的以外,其他著作权许可使用应该采取订立书面合同的形式,否则应认定合同无效。但口头的著作权许可使用合同已经履行,且当事人双方对口头约定的主要权利义务的内容无疑义,或者能通过有关证据予以确认的,可以认定著作权许可使用合同有效。

23.著作权许可使用合同约定的付酬标准低于国家有关规定标准的,是否有效?

答:根据著作权法的规定,当事人在著作权许可使用合同中约定的付酬标准可以高于国家有关规定标准,也可以低于国家有关规定标准。

与著作权有关的权益

24.版式、装帧设计产生什么权利?

答:版式设计,指由文字排列的顺序、字体及其他排版材料的选用、行间和段间的空距、版面的布局等因素构成的印刷物总体;装帧设计,指开本、书脊、护封、装订形式等印刷物的外观设计。

版式、装帧设计的权利人对版式、装帧设计享有专有使用的权利,不经其许可他人不得使用。但是,在装帧设计中,插图和在设计上有独创性的封面应视为独立的美术作品,受到著作权保护。

25.再现作品是否构成著作权法中的表演的前提?

答：著作权法中的表演是指以演奏乐曲、上演剧本、朗诵诗词等直接或者借助技术设备以声音、表情、动作公开再现作品的行为，表演必须以作品为对象，再现作品是构成著作权法中的表演的前提。

26. 录音录像制品是否应在表演者表演的作品上注明表演者？

答：表演者对其表演享有表明表演者身份的权利，除表演者与录音录像制作者另有约定的以外，录音录像制品应在表演的作品上注明表演者。

27. 录像作品与录像制品有区别吗？

答：录像作品与录像制品有很大的区别。录像作品是指以拍摄电影的方式拍摄的并通过放像（而不是电视播放）传播的作品。录像制品则是指电影、电视、录像作品以外的任何有伴音或无伴音的连续相关形象的原始录制品。录像制品与录像作品的区别主要是：录像作品的拍摄与电影一样，通常是在编剧的基础上，经过导演、摄制、作曲、录音、剪辑、合成等独创性活动产生的，录像作品产生的是著作权。录像制品是对表演或其他形象、景象进行机械录制产生的，不具备作品所具有的独创性，不构成作品，所产生的是邻接权，即与著作权有关的权利。

28. 在什么情况下，录音录像制作者对录音录像制品享有复制发行权？

答：录音制作者使用他人未发表的作品、使用他人的表演制作录音制品的，应当与著作权人、表演者订立合同，录音制品是否可以复制发行应在合同中明确约定。

录像制作者制作、复制、发行录像制品，应当与著作权人、表演者订立合同。

29. 录音录像制品出版者对使用的作品是否享有专有使用权？

答：依照著作权法规定，图书出版者对著作权人交付出版的作品在合同约定期间享有专有出版权，录音录像制品出版者以及其他使用者对其使用的作品是否享有专有使用权应通过合同约定。

侵权及其责任

30. 未经许可复制了他人的作品，但尚未发行，是否构成侵权？

答：虽仅复制了他人作品，但举不出充分证据证明复制不是为了发行的，可以认定构成侵权。

31. 未经著作权人许可使用其已经发表的作品的，是否构成对其发表权的侵犯？

答：发表权是一种一次性的权利，著作权人将其未发表作品发表后，发表权即行使完毕。他人未经著作权人同意使用其已发表作品的，不构成对其发表权的侵犯。

32. 如何认定侵犯保护作品完整权的行为？

答：保护作品的完整权是指保护作品的内容、观点等不受歪曲、篡改的权利。如果只是对作品作了一定的改动、删节，但这种改动、删节尚未达到对作品的内容、观点进行歪曲、篡改的程度，尚未破坏作品的完整性，就不能认定构成侵犯保护作品的完整权。

33. 委托作品侵犯他人著作权的应由谁承担侵权责任？

答：委托作品侵犯他人著作权的，由委托人、受托人承担侵权责任。

34. 能否依据当事人在合同中约定的免责条款免除该当事人的侵权责任？

答:合同当事人在合同中约定的免责条款不能对抗合同以外的第三人,不能依据该条款免除当事人的侵权责任。

35. 审理两个或两个以上被告因履行他们之间的合同侵犯原告著作权的案件,应否在诉讼中认定该合同无效?

答:审理两个或两个以上被告因履行他们之间的合同侵犯原告著作权的案件,所审理的是侵权之诉,不直接认定合同无效。

36. 使用他人已发表作品的应在多长时间内支付报酬?

答:按照著作权法有关无须取得著作权人许可即可使用其已发表的作品的规定,使用他人已发表作品的,应在一个月内支付报酬给著作权人。

37. 著作权侵权损害赔偿可以采取哪种计算方法?

答:可以采取下面方法:

(1)以被侵权人因被侵权所受到的损失为赔偿数额;

(2)以侵权人因侵权行为获得的全部利润为赔偿数额;

(3)国家规定有付酬标准的,按付酬标准的 2—5 倍计算赔偿数额。

侵权人除了应赔偿被侵权人上述损失外,还应承担著作权人因调查、制止侵权行为等而支出的合理费用。

38. 出版者、发行者等的行为损害了著作权人的合法权益,但其无主观过错的,是否应承担民事责任?

答:出版者、发循者等的行为损害了著作权人的合法权益,但其无故意或者过失的,不承担赔偿责任,但可责令其停止侵害;在不给予补偿将难以弥补权利人损失时,可以责令其从出版发行侵权物品所获利润中适当给予权利人经济补偿。

39. 著作权人将作品的专有使用权授予他人后,对实施了侵犯专有使用权范围内的侵权行为的侵权人是否可以要求经济赔偿?

答:著作权人将作品的专有使用权授予他人后,对侵犯该专有使用权范围内的侵权行为一般不能要求经济赔偿,但该侵权行为给著作权人造成经济损失的,如著作权人从专有使用权人处取得的是版税等情况的,著作权人可以要求经济赔偿。

诉讼和审理

40.因出版引起的著作权纠纷,如何确定被告?

答:因出版发生的著作权纠纷,应根据原告的起诉确定被告。对作者或授权者、出版者都提起诉讼的,将作者或授权者和出版者均列为被告。只诉作者或授权者的,列作者、授权者为被告。只诉出版者的,列出版者为被告;但仅以出版者为被告无法查明出版者的行为是否构成侵权的,可以追加作者或授权者为被告,原告坚持只诉出版者的,可以驳回其诉讼请求。

41.因电影、电视、录像作品导演、编剧等署名发生争议的,应以谁为被告?

答:因电影、电视、录像作品导演、编剧等的署名发生争议的,可以以制片人和在电影、电视、录像作品上署名的导演、编剧等为被告。

42.著作权人将作品专有使用权授予他人后,可以对侵犯该专有使用权的行为提起诉讼吗?

答:著作权人将作品专有使用权授予他人,仅是许可他人独占地以特定方式使用其作品,著作权人仍有权禁止其他人以许可的方式使用该作品,有权禁止专有使用权人许可第三人行使同一权利。他人未经许可以该方式使用作品的,仍然构成对著作权的侵权,著作权人有权就此提起诉讼,要求停止侵害。

43. 取得专有使用权的使用权人可以单独对侵犯专有使用权的行为提起诉讼吗?

答:对发生在专有使用权范围内的侵权行为,专有使用权人可以与著作权人作为原告起诉,也可以单独起诉。

44. 职务作品的著作权被侵犯的,谁可以作为原告起诉?

答:作者享有署名权的职务作品:(1)署名权以外的其他权利被侵犯的,作者所在法人或者非法人单位作为原告起诉;(2)署名权和其他权利被侵犯的,作者和作者所在法人或者非法人单位都可以作为原告起诉。

作者享有著作权的职务作品:(1)他人未经许可,以属于作者所在法人或者非法人单位业务范围内的使用方式使用该作品的,作者和单位均有权起诉;(2)他人未经许可,以属于作者所在法人或者非法人单位业务范围以外的方式使用作品的,作者作为原告;(3)作者向单位交付作品两年后发生侵权的,作者作为原告。

45. 著作权人依据出版合同向出版单位追索稿酬的纠纷应定什么案由?

答:著作权人依据出版合同追索稿酬的,应定为出版合同纠纷。

46. 因侵犯专有出版权、表演者权、录音录像制作者权等与著作权有关的权益发生的纠纷,应如何确定案由?

答:侵犯专有出版权、表演者权、录音录像制作者权等与著作权有关权益的,应分别定为侵犯专有出版权、侵犯表演者权、侵犯录音录像制作者权纠纷。

47. 能否委托鉴定部门对被告的行为是否构成抄袭、剽窃等进行鉴定？

答：著作权鉴定的对象应是属于事实本身的专门性问题，是否构成抄袭、剽窃是在适用法律对事实进行认定后产生的结果，应由法院根据事实和法律作出判断，不应委托鉴定部门鉴定。

48. 在审理著作权案件时，是否需要对权利人主张权利的客体属不属于著作权保护范围进行审查？

答：在审理著作权案件时，应对权利人主张权利的客体是否构成著作权法的保护对象进行审查。

49. 当事人未按国家有关规定对有关著作权、与著作权有关权益的合同进行登记的，是否应认定合同无效？

答：有关著作权、与著作权有关权益的合同只要符合法律规定的条件即发生法律效力，对合同进行登记不是合同生效的要件，不能以合同未登记为由认定合同无效。

法律适用

50. 著作权法第四十五条第（一）项适用于哪种情况？

答：著作权法第四十五条第（一）项规定的"未经著作权人许可，发表其作品的"是指侵犯著作权人发表权的情况，应适用于侵犯发表权的案件。

51. 对未经许可擅自使用他人作品侵犯他人著作权的，在判令侵权人承担赔偿责任时，是否适用著作权法第四十五条第（六）项？

答：著作权法第四十五条第（六）项的规定适用于根据著作权法的规定使用其作品可以不经著作权人许可但须支付使用费的情

况,未经许可擅自使用他人作品构成侵权的,应承担损害赔偿的责任,不能适用著作权法第四十五条第(六)项。

52.著作权法第四十六条第(五)项适用于哪种情况?

答:著作权法第四十六条第(五)项适用于侵犯录音录像制品复制发行权的情况,不能适用于侵犯录像作品著作权的案件。

53.对著作权许可使用合同、与著作权有关权益的合同纠纷案件,如何适用法律?

答:应同时引用著作权法第四十七条及民法通则有关规定。

北京市高级人民法院
关于确定著作权侵权损害
赔偿责任的指导意见

(2005年1月11日 京高法发[2005]12号)

为切实维护著作权人和与著作权有关的权利人的合法权益,有效制裁侵权行为,规范文化市场秩序,统一执法标准,根据《中华人民共和国民法通则》、《中华人民共和国著作权法》及《最高人民法院关于审理著作权民事纠纷案件适用法律若干问题的解释》的规定,结合北京市法院著作权审判工作实际,现就如何确定著作权侵权损害赔偿责任提出如下意见:

损害赔偿责任的认定

第一条 被告因过错侵犯著作权人或者与著作权有关的权利人的合法权利且造成损害的,应当承担赔偿损失的民事责任。原告应当提交被告侵权的相关证据。被告主张自己没有过错的,应当承担举证责任,否则须承担不利的法律后果。

第二条 被告具有下列情形之一的,可以认定其具有过错:

（一）经权利人提出确有证据的警告，被告没有合理理由仍未停止其行为的；

（二）未尽到法律法规、行政规章规定的审查义务的；

（三）未尽到与公民年龄、文化程度、职业、社会经验和法人经营范围、行业要求等相适应的合理注意义务的；

（四）合同履行过程中或合同终止后侵犯合同相对人著作权或者与著作权有关的权利的；

（五）其他可以认定具有过错的情形。

第三条 被告虽无过错但侵犯著作权人或者与著作权有关的权利人的合法权利且造成损害的，不承担损害赔偿责任，但可判令其返还侵权所得利润。如果被告因其行为获利较大，或者给原告造成较大损失的，可以依据公平原则，酌情判令被告给予原告适当补偿。

第四条 共同被告构成共同侵权的，应当承担连带赔偿责任。

明知或者应知他人实施侵权行为，而仍为其提供经营场所或其他帮助的，应当承担连带赔偿责任。

商标许可人、特许经营的特许人，明知或者应知被许可人实施侵权行为，并有义务也有能力予以制止，却未采取有效措施的，应当承担连带赔偿责任。

二个以上被告均构成侵权，但不具有共同过错的，应当分别承担赔偿责任。

损害赔偿的原则及方法

第五条 确定的侵权赔偿数额应当能够全面而充分地弥补原

告因被侵权而受到的损失。

在原告诉讼请求数额的范围内,如有证据表明被告侵权所得高于原告实际损失的,可以将被告侵权所得作为赔偿数额。

第六条 确定著作权侵权损害赔偿数额的主要方法有:

(一)权利人的实际损失;

(二)侵权人的违法所得;

(三)法定赔偿。

适用上述计算方法时,应将原告为制止侵权所支付的合理开支列入赔偿范围,并与其他损失一并作为赔偿数额在判决主文中表述。

对权利人的实际损失和侵权人的违法所得可以基本查清,或者根据案件的具体情况,依据充分证据,运用市场规律,可以对赔偿数额予以确定的,不应直接适用法定赔偿方法。

第七条 本规定第六条第一款第(一)项所称"权利人的实际损失"可以依据以下方法计算:

(一)被告侵权使原告利润减少的数额;

(二)被告以报刊、图书出版或类似方式侵权的,可参照国家有关稿酬的规定;

(三)原告合理的许可使用费;

(四)原告复制品销量减少的数量乘以该复制品每件利润之积;

(五)被告侵权复制品数量乘以原告每件复制品利润之积;

(六)因被告侵权导致原告许可使用合同不能履行或难以正常履行产生的预期利润损失;

(七)因被告侵权导致原告作品价值下降产生的损失;

(八)其他确定权利人实际损失的方法。

第八条 本规定第六条第一款第(二)项所称"侵权人的违法所得"包括以下三种情况：

(一)产品销售利润；

(二)营业利润；

(三)净利润。

一般情况下，应当以被告营业利润作为赔偿数额。

被告侵权情节或者后果严重的，可以产品销售利润作为赔偿数额。

侵权情节轻微，且诉讼期间已经主动停止侵权的，可以净利润作为赔偿数额。

适用上述方法，应当由原告初步举证证明被告侵权所得，或者阐述合理理由后，由被告举证反驳；被告没有证据，或者证据不足以证明其事实主张的，可以支持原告的主张。

第九条 适用本规定第六条第一款第(三)项所称"法定赔偿"应当根据以下因素综合确定赔偿数额：

(一)通常情况下，原告可能的损失或被告可能的获利；

(二)作品的类型，合理许可使用费，作品的知名度和市场价值，权利人的知名度，作品的独创性程度等；

(三)侵权人的主观过错、侵权方式、时间、范围、后果等。

第十条 适用法定赔偿方法应当以每件作品作为计算单位。

第十一条 原告提出象征性索赔的，在认定侵权成立，并查明原告存在实际损失基本事实的情况下，应当予以支持。

第十二条 被控侵权行为在诉讼期间仍在持续，原告在一审法庭辩论终结前提出增加赔偿的请求并提供相应证据，应当将诉讼期间原告扩大的损失一并列入赔偿范围。

二审诉讼期间原告损失扩大需要列入赔偿范围的,二审法院应当就赔偿数额进行调解,调解不成的,可以就赔偿数额重新作出判决,并在判决书中说明理由。

第十三条　本规定第六条第二款所称"合理开支"包括:

(一)律师费;

(二)公证费及其他调查取证费;

(三)审计费;

(四)交通食宿费;

(五)诉讼材料印制费;

(六)权利人为制止侵权或诉讼支付的其他合理开支。

对上述开支的合理性和必要性应当进行审查。

第十四条　本规定第十三条第一款第(一)项所称"律师费"是指当事人与其代理律师依法协议确定的律师费。可以按照以下原则确定予以支持的赔偿数额:

(一)根据案件的专业性或复杂程度,确实有必要委托律师代理诉讼的;

(二)被告侵权行为基本成立,且应当承担损害赔偿责任的,按照判决确定的赔偿数额与诉讼请求数额比例确定支持的律师费;同时判决支持其他诉讼请求的,应当适当提高赔偿数额;

(三)被告不承担损害赔偿责任,但被判令承担停止侵权、赔礼道歉等民事责任的,按照原告诉讼请求被支持情况酌情确定支持的律师费,但一般不高于律师费的三分之一。

第十五条　本规定第十三条第一款第(二)项所称"公证费"符合以下条件的由被告承担:

(一)侵权基本成立;

(二)公证证明被作为认定案件事实的证据。

第十六条　本规定第十三条第一款第(三)项所称"审计费"按照判决确定的赔偿数额占诉讼请求数额比例予以支持。

第十七条　被告因侵犯著作权或者与著作权有关的权利,曾经两次以上被追究刑事、行政或民事责任的,应当在依据本规定确定的赔偿数额的限度内,从重确定赔偿数额。

第十八条　判决书中针对赔偿数额所作论述的详略程度,应当根据案件的复杂程度、当事人的争议大小等具体情况分别确定。

第十九条　被告实施著作权法第四十七条规定的侵权行为,情节严重,并损害公共利益的,可以给予以下民事制裁:

(一)罚款。其数额不高于判决确定的赔偿数额的3倍;

(二)没收、销毁侵权复制品;

(三)没收主要用于制作侵权复制品的材料、工具、设备等。

第二十条　原告基于不正当目的,以提起诉讼为手段,虚构事实,被驳回起诉或诉讼请求的,可以判令原告支付被告为诉讼支付的合理开支,包括:

(一)律师费;

(二)交通食宿费;

(三)调查取证费;

(四)误工费;

(五)其他为诉讼支出的合理费用。

精神损害赔偿

第二十一条　侵犯原告著作人身权或者表演者人身权情节严

重,适用停止侵权、消除影响、赔礼道歉仍不足以抚慰原告所受精神损害的,应当判令被告支付原告精神损害抚慰金。

法人或者其他组织以著作人身权或者表演者人身权受到侵害为由,起诉请求赔偿精神损害的,不予受理。

第二十二条 具有以下情形之一的,可以判令被告支付原告精神损害抚慰金:

(一)未经原告许可,严重违背其意愿发表其作品,并给原告的信誉、社会评价带来负面影响的;

(二)抄袭原告作品数量大、影响广,并使被告因此获得较大名誉的;

(三)严重歪曲、篡改他人作品的;

(四)未经许可,将原告主要参加创作的合作作品以个人名义发表,并使被告获得较大名誉的;

(五)没有参加创作,为谋取个人名利,在原告作品上署名的;

(六)严重歪曲表演形象,给原告的社会形象带来负面影响的;

(七)制作、出售假冒原告署名的作品,影响较大的;

(八)其他应当支付权利人精神损害抚慰金的情形。

第二十三条 精神损害抚慰金的数额应当根据被告的过错程度、侵权方式、侵权情节、影响范围、侵权获利情况、承担赔偿责任的能力等因素综合确定。

精神损害抚慰金一般不低于2000元,不高于5万元。

第二十四条 著作权人或者表演者权人死亡后,其近亲属以被告侵犯著作人身权或表演者人身权使自己遭受精神痛苦为由,起诉请求赔偿精神损害的,应当受理。

常见侵权赔偿数额的确定

第二十五条 依据本规定第七条第一款第(二)项所述方法确定原告损失的,可以参考以下因素,在国家有关稿酬规定的 2 至 5 倍内确定赔偿数额:

(一)作品的知名度及侵权期间的市场影响力;

(二)作者的知名度;

(三)被告的过错程度;

(四)作品创作难度及投入的创作成本。

文字作品字数不足千字的以千字计算。

原告如证明类似情况下收取的合理稿酬标准,应予考虑。

第二十六条 在网络上传播文字、美术、摄影等作品的,可以参照国家有关稿酬规定确定赔偿数额。

第二十七条 以广告方式使用文字、美术、摄影等作品,包括用于报刊广告、户外广告、网络广告、店面广告、产品说明书等,可以根据广告主的广告投入、广告制作者收取的制作费、广告发布者收取的广告费,以及作品的知名度、在广告中的作用、被告的经营规模、侵权方式和范围等因素综合确定赔偿数额。

原告如证明类似情况下的合理许可使用费,应予考虑。

第二十八条 商业用途使用文字、美术、摄影等作品,如用于商品包装装潢、商品图案、有价票证、邮品等,可以根据作品的知名度、在产品中的显著性、被告的经营规模、侵权方式、范围、获利等因素综合确定赔偿数额,所确定的赔偿数额一般应高于按照本规定第七条第一款第(二)项及第二十五条确定的赔偿数额。

第二十九条 侵犯音乐作品著作权、音像制品权利人权利的,可以按照以下方法确定赔偿数额:

(一)原告合理的许可使用费;

(二)著作权集体管理组织提起诉讼的,按其许可费标准;

(三)商业用途使用的,可以参考本规定第二十八条确定赔偿数额的方法。

第三十条 提供图片、音乐等下载服务的,可以按照以下方法确定赔偿数额:

(一)原告合理的许可使用费;

(二)著作权集体管理组织提起诉讼的,按其许可费标准;

(三)被告提供侵权服务获得的利润。

第三十一条 软件最终用户侵犯计算机软件著作权的,可以按照以下方法确定赔偿数额:

(一)原告合理的许可使用费;

(二)正版软件市场价格。

第三十二条 依据本规定第二十六条至第三十一条的方法确定赔偿数额的,可以同时根据第二十五条第一款规定的因素,在上述数额的2至5倍内确定具体的赔偿数额。

第三十三条 被告在被控侵权出版物或者广告宣传中表明的侵权复制品的数量高于其在诉讼中的陈述,除其提供证据或者合理由予以否认,应以出版物或广告宣传中表明的数量作为确定赔偿数额的依据。

第三十四条 图书、音像制品的出版商、复制商、发行商等侵犯著作权或者与著作权有关的权利的,其应当能够提供有关侵权复制品的具体数量却拒不举证,或所提证据不能采信的,可以按照以下数量确定侵权复制品数量：

（一）图书不低于 3000 册；

（二）音像制品不低于 2 万盘。

附　则

第三十五条　本规定自下发之日起施行。

北京市高级人民法院关于网络著作权纠纷案件若干问题的指导意见(一)(试行)

一、网络服务提供者侵权责任的构成要件

1. 网络服务提供者构成对信息网络传播权的侵犯、承担侵权的民事责任,应具备违法行为、损害后果、违法行为与损害后果具有因果关系和过错四个要件。

二、信息网络传播行为的判断及其法律调整

(一)信息网络传播行为的判断及法律调整

2. 信息网络传播行为是指将作品、表演、录音录像制品上传至或以其他方式将其置于向公众开放的网络服务器中,使公众可以在选定的时间和地点获得作品、表演、录音录像制品的行为。

将作品、表演、录音录像制品上传至或以其他方式置于向公众开放的网络服务器中,使作品、表演、录音录像制品处于公众可以在选定的时间和地点下载、浏览或以其他方式在线获得,即构成信息网络传播行为,无需当事人举证证明实际进行过下载、浏览或以其他方式在线获得的事实。

3. 网络服务提供者为服务对象提供自动接入、自动传输、信息存储空间、搜索、链接、P2P(点对点)等服务的,属于为服务对象传播的信息在网络上传播提供技术、设施支持的帮助行为,不构成直接的信息网络传播行为。

4. 网络服务提供者的行为是否构成信息网络传播行为,通常应以传播的作品、表演、录音录像制品是否由网络服务提供者上传或以其它方式置于向公众开放的网络服务器上为标准。

原告主张网络服务提供者所提供服务的形式使用户误认为系网络服务提供者传播作品、表演、录音录像制品,但网络服务提供者能够提供证据证明其提供的仅是自动接入、自动传输、信息存储空间、搜索、链接、P2P(点对点)等服务的,不应认为网络服务提供者的行为构成信息网络传播行为。

5. 网络服务提供者主张其仅提供信息存储空间、搜索、链接、P2P(点对点)等技术、设备服务,但其与提供作品、表演、录音录像制品的网络服务提供者在频道、栏目等内容方面存在合作关系的,可以根据合作的具体情况认定其实施了信息网络传播行为。

6. 提供信息存储空间服务的网络服务提供者对服务对象提供的作品、表演、录音录像制品的主题、质量、内容等进行审查或者对作品、表演、录音录像制品进行了涉及内容的选择、编辑、整理,以决定是否在网络上发布的,其行为构成直接的信息网络传播行为,但基于法律、法规和部门规章的要求对著作权状况之外的内容进行审查的除外。

7. 提供搜索、链接服务的网络服务提供者所提供服务的形式使用户误认为系其提供作品、表演、录音录像制品,被链网站经营者主张其构成侵权的,可以依据反不正当竞争法予以调整。

8. 网络服务提供者主张其仅为被诉侵权的作品、表演、录音录像制品提供了信息存储空间、搜索、链接、P2P(点对点)等服务的,应举证证明。网络服务提供者不能提供证据证明被诉侵权的作品、表演、录音录像制品系由他人提供并置于向公众开放的网络服务器中的,可以推定该服务提供者实施了信息网络传播行为。

9. 将作品、表演、录音录像制品上传至或以其他方式置于向公众开放的局域网中,使公众可以在其个人选定的时间和地点获得的,属于信息网络传播行为。

10. 网络服务提供者通过信息网络按照事先安排的时间表向公众提供作品的在线播放的,不构成信息网络传播行为,应适用著作权法第十条第一款第(十七)项进行调整。

(二)"快照"的性质及法律责任

11. 网络服务提供者在提供搜索服务时以"快照"形式在其服务器上生成作品、表演、录音录像制品的复制件并通过信息网络向公众提供,使得公众能够在选定的时间和地点获得作品的,构成信息网络传播行为。

12. 网络服务提供者主张其提供的网页"快照"服务属于《信息网络传播权保护条例》第二十一条所称的提供系统缓存服务、应当免责,如"快照"服务系网络服务提供者事先把被诉侵权作品、表演、录音录像制品存储在网络服务器中,或者其行为不符合《信息网络传播权保护条例》第二十一条规定的三个免责条件的,不能够援引该条款免责。

13. 网络服务提供者以提供网页"快照"的形式使用他人网站上传播的作品、表演、录音录像制品,未影响他人网站对作品、表演、录音录像制品的正常使用,亦未不合理地损害他人网站对于作品、表演、录音录像制品的合法权益,从而未实质性代替用户对他人网站的访问,并符合法律规定的其他条件的,可以认定构成合理使用。

三、网络技术、设备服务提供行为的法律性质、服务提供者的过错判断及其法律适用

（一）网络技术、设备服务行为的法律性质

14. 提供信息存储空间、搜索、链接、P2P（点对点）等服务的网络服务提供者通过网络参与、教唆、帮助他人实施侵犯著作权、表演者权、录音录像制作者权的行为，并有过错的，承担共同侵权责任。

15. 提供信息存储空间、搜索、链接、P2P（点对点）等服务的网络服务提供者构成侵权应当以他人实施了直接侵权行为为前提条件，即第三人利用信息存储空间、搜索、链接、P2P（点对点）等服务传播作品、表演、录音录像制品的行为系侵犯他人的信息网络传播权的行为。

（二）网络技术、设备服务提供者过错的标准及其判断

16. 判断提供信息存储空间、搜索、链接、P2P（点对点）等服务的网络服务提供者有无过错，应审查网络服务提供者对其行为的不良后果是否知道或者有合理理由知道。是否知道或者有合理理由知道应以网络服务提供者的预见能力和预见范围为基础，又要区别通常预见水平和专业预见水平等情况

网络服务提供者对其行为的不良后果知道或者有合理理由知道，一般指网络服务提供者知道或者有合理理由知道他人利用其服务传播被诉作品、表演、录音录像制品构成侵权。

"知道"指网络服务提供者实际知道侵权行为存在；"有合理理由知道"指因存在着明显侵权行为的事实或者情况，网络服务提供者从中应当意识到侵权行为的存在。

17. 提供信息存储空间、搜索、链接、P2P（点对点）等服务的网络服务提供者对他人利用其服务传播作品、表演、录音录像制品是否侵权一般不负有事先进行主动审查、监控的义务。依照相关法律及其规定应当进行审查的，应当审查。

18. 根据服务对象的指令，通过信息网络自动为被诉侵权作品、表演、录音录像制品提供信息存储空间、搜索、链接、P2P（点对点）等服务，且对被诉侵权的作品、表演、录音录像制品不进行编辑、修改或选择的，除非有网络服务提供者知道或者有合理理由知道存在侵权行为的其他情形，否则不应认定网络服务提供者有过错。

19. 在下列情况下，提供信息存储空间服务的网络服务提供者应当知道也能够知道被诉作品、表演、录音录像制品侵权的，可以认定其有过错：

（1）存储的被诉侵权的内容为处于档期或者热播、热映期间的视听作品、流行的音乐作品或知名度较高的其他作品及与之相关的表演、录音录像制品，且上述作品、表演、录音录像制品位于首页、其他主要页面或者其他可为服务提供者明显所见的位置的；

（2）被诉侵权的作品、表演、录音录像制品位于BBS首页或其他主要页面，在合理期间内网络服务提供者未采取移除措施的；

（3）将被诉侵权的专业制作且内容完整的视听作品，或者处于档期或者热播、热映期间的视听作品置于显要位置，或者对其进行推荐，或者为其设立专门的排行榜或者"影视"频道等影视作品分类目录的；

（4）对服务对象上传的被诉侵权作品、表演、录音录像制品进行选择、整理、分类的；

(5)其他。

20. 提供搜索、链接、P2P(点对点)等服务的网络服务提供者按照自己的意志,在搜集、整理、分类的基础上,对被诉侵权的作品、表演、录音录像制品制作相应的分类、列表,网络服务提供者知道或者有理由知道被诉侵权作品、表演、录音录像制品构成侵权的,可以认定其有过错。

(三)P2P(点对点)服务的法律适用

21. 提供 P2P(点对点)服务的网络服务提供者通过 P2P(点对点)服务参与、教唆、帮助他人实施侵权行为从而构成侵权的,应当适用《民法通则》第一百三十条规定和最高人民法院 2006 年 12 月修正的《关于审理涉及计算机网络著作权纠纷案件适用法律若干问题的解释》第三条的规定。

(四)网络技术、设备服务提供者的免责条件

22. 《信息网络传播权保护条例》第二十条、第二十一条、第二十二条、第二十三条针对提供自动接入、自动传输、系统缓存、信息存储空间、搜索、链接服务的网络服务提供者所规定的免责条件仅指免除损害赔偿的责任;网络服务提供者是否承担其他责任,应依据《民法通则》、《著作权法》等法律法规的规定予以确定。

23. 网络服务提供者主张其符合《信息网络传播权保护条例》规定的免责条件的,应对所依据的相关事实负举证责任。

24. 《信息网络传播权保护条例》第二十二条规定所称"改变",是指对服务对象提供的作品、表演、录音录像制品的内容进行了改变。

下列行为不应视为对服务对象提供的作品、表演、录音录像制品进行了"改变":

（1）仅对作品、表演、录音录像制品的存储格式进行了改变；

（2）对作品、表演、录音录像加注数字水印等网站标识；

（3）在作品、表演、录音录像之前或结尾处投放广告以及在作品、表演、录音录像中插播广告。

25. 网络服务提供者因提供信息存储空间服务，按照时间、流量等向用户收取标准费用的，不属于《信息网络传播权保护条例》第二十二条第（四）项所称的"从服务对象提供作品、表演、录音录像制品中直接获得经济利益"。

网络服务提供者因提供信息存储空间服务而收取的广告费，一般不应认定为直接获得的经济利益；网络服务提供者针对特定作品、表演、录音录像制品而投放的广告，可以根据案件的具体情况，在认定网络服务提供者是否存在过错时酌情予以综合考虑。

26. 根据《信息网络传播权保护条例》第二十三条的规定免除提供搜索、链接服务的网络服务提供者的损害赔偿责任的，应同时具备以下两个条件：一是提供搜索、链接服务的网络服务提供者对所链接的作品、表演、录音录像制品是否侵权不明知并且不应知；二是提供搜索、链接服务的网络服务提供者接到权利人的通知书后，根据本条例规定断开与侵权的作品、表演、录音录像制品的链接。

27. 权利人向提供信息存储空间、搜索、链接服务的网络服务提供者提交的通知应符合《信息网络传播权保护条例》第十四条的规定。

28. 权利人提交的通知未包含被诉侵权的作品、表演、录音录像制品的网络地址，但网络服务提供者根据该通知提供的信息对被诉侵权的作品、表演、录音录像制品能够足以准确定位的，可以认定权利人提交的通知属于最高人民法院《关于审理涉及计算机网络著作权纠纷案件适用法律若干问题的解释》第四条所称的"确有证据的警告"。

29. 对被诉侵权的作品、表演、录音录像制品是否能够足以准确定位,应当考虑网络服务提供者提供的服务类型、权利人要求删除或断开链接的文字作品或者表演、录音录像制品的文件类型以及作品、表演、录音录像制品的名称是否具有特定性等具体情况认定。

30. 接到权利人符合《信息网络传播权保护条例》第十四条规定的通知或者最高人民法院《关于审理涉及计算机网络著作权纠纷案件适用法律若干问题的解释》第四条所称的"确有证据的警告"后,网络服务提供者在合理期限内未及时删除权利人认为侵权的作品、表演、录音录像制品,或者在合理期限内未及时断开与侵权的作品、表演、录音录像制品的链接的,如权利人通知的内容属实,可以认定网络服务提供者存在过错,对损害的扩大部分承担相应的法律责任。

31. 网络服务提供者是否在合理期限内及时删除侵权的作品、表演、录音录像制品,或者断开与侵权作品、表演、录音录像制品的链接,应根据权利人提交的通知的形式、通知的准确性、通知中涉及的文件数量、删除或者断开链接的难易程度、网络服务的性质等因素综合认定。

四、技术措施

32. 《信息网络传播权保护条例》第二十六条规定的技术措施是指为保护权利人在著作权法上的正当利益而采取的控制浏览、欣赏或者控制使用作品、表演、录音录像制品的技术措施。

下列情形中的技术措施不应认定为应受著作权法保护的技术措施。

（1）用于实现作品、表演、录音录像制品与产品或者服务的捆绑销售的；

（2）用于实现作品、表演、录音录像制品价格区域划分的；

（3）用于破坏未经许可使用作品、表演、录音录像制品的用户的计算机系统的；

（4）其他妨害公共利益保护、与权利人在著作权法上的正当利益无关的技术措施。

33.受著作权法保护的技术措施应为有效的技术措施。技术措施是否有效，应以一般用户掌握的通常方法是否能够避开或者破解为标准。技术专家能够通过某种方式避开或者破解技术措施的，不影响技术措施的有效性。

五、网站经营者的认定

34.网站登记备案信息、网站中标示的信息载明的经营者，是网站经营者。网站登记备案信息与网站中标示的信息所载明的经营者不一致的，除有相反证据证明外，可以认定网站登记备案信息与网站中标示的信息所载明的经营者为共同经营者。

35.域名持有者注册信息可以作为证明网站经营者身份的初步证据，但有相反证明的除外。